Inge Grein-Feil

„Ich nehme mir das Leben – jeden Tag“

Eine Lach- und Lebensgeschichte

Für Karin.

Inge

20.7.13

Selbstverlag

Von Inge Grein-Feil
sind bisher erschienen
„Plötzlich war alles anders“
„Ist Lebensfreude (v)erlernbar“

2. Auflage 2011

Lektor: Jens Eber
Umschlaggrafik: zz-zeile werbegrafik
Steffen Zeile, Kinzigtalstr. 50, 72275 Alpirsbach
Satz und Layout: Siggi Feil
Druck: Missionsdruckerei Reimlingen,
Hauptstraße 1, 86756 Reimlingen
Printed in Germany
ISBN 978-3-00-030910-6

Inge von Ingenau zu Dischingen

So würde ich sie nennen, dürfte ich sie in den Adelsstand versetzen. Leider war das nur Königen und Kaisern vorbehalten, die sich in der Auswahl der zu adelnden Personen häufig mächtig getäuscht haben und die auch von den so geehrten Herren (Damen konnten nur in den Adelsstand geheiratet werden ... nehme ich mal an) heimliche und hohe Zahlungen dafür erwarteten. Die Vorstellung, dass Inge zu Grein-Feil das gemacht haben könnte, ist erheiternd, denn sie hätte dieses Geld ganz anders verwendet. In gar keinem Fall für sich. Sollte sie aber der Ehre wegen und ihrer Verdienste um die Ingenauer Menschen in den Stand der Edlen erhoben werden, so hätte sie diese Ehre zweifellos verdient. Als ich sie zum ersten Mal erlebte, es war, glaube ich, in einem Aalener Hotel, wo sie mich abholte, hatte ich zunächst einmal Pause. Wenn ich bis dahin noch nicht erfahren hätte, was Redundance bedeutet, von da an hätte ich es gewusst. Eine Mischung aus Grete Weiser und der Schlüter in schwäbisch.

Auf der Fahrt zum Auftrittsort Dischingen hatte ich keine Ursache zu vermuten, dass ich geschwätzig sein könnte. Meine Rolle als ihr Beifahrer konzentrierte sich auf Rückfragen, wie: „Aha“ – „Und dann?“ „Wieso?“ „Warum d a s denn?“

Aber ich erfuhr eine Menge über Land, Leute, Charaktere, Schlösser, Klöster, Bauern, Bürger, Edelleute und Lumpenpack. Eins der Klöster besichtigten wir noch und mein Wissen über die Ingenau vermehrte sich.

Wichtig aber vor allem war die Mitteilung darüber, was sie die ganze Zeit treibt, was sie antreibt, warum sie helfen will und muss und wie sie es bewerkstelligt, dass andere Menschen es genauso sehen und ihr helfen, und wie sie damit das leistet, wovon Minister häufig nur reden, nämlich Kulturarbeit.

Es ist gut, dass sie dieses Buch geschrieben hat, weil sie damit das Selbstvertrauen von Menschen, die auch ein schweres Schicksal zu meistern haben, stärkt, weil die Ingenauer Inge, die Gräfin zu Grein-Feil, den Willen zum Lieben unterstützt und, mit eigenem gutem Beispiel vorangehend, den Trotz der Mühseligen und Beladenen weckt. Die Gemeinde, die sie um sich schart, beweist durch ihre tatkräftige Existenz, dass es so etwas gibt: eine Gemeinde.

Das rückt Inge natürlich ein bisschen in die Ordensschwesterposition, was aber gar nicht so falsch ist.

Manchmal sehe ich sie, die gewiss in vorigen Jahrhunderten schon ein paar Mal gelebt hat, in wehenden Gewändern von Klöstern oder Schlössern herunter in die armen Dörfer wallen und kleine Münzen oder Suppe oder Gestricktes verteilen. Als eine Mischung aus Elisabeth der Wartburgerin und Hildegard von Bingen.

Liebe Inge, Du weißt, dass Übertreibungen die Eigenschaft haben, die Wirklichkeit der Wahrheit nahe zu bringen. Du sollst einmal so richtig schamlos gelobt werden, und ich übernehme diese Aufgabe gern.

Dein Buch ist ein Taschenbuch, oder hat das Format eines solchen, wie Du mir verraten hast, darum gehört es auch in jede Tasche. Und das ist wiederum sehr sinnfällig, weil Taschen das sind, was sich automatisch öffnet, wenn Du in die Nähe kommst.

Fühle Dich von mir geadelt und sei umarmt.

Dein Dieter Hildebrandt

„Gott heilt auch dich“

Vor 25 Jahren habe ich Inge kennen gelernt. Damals war sie nicht gut drauf, gesundheitlich. Auf ihrer Suche nach dem unergründlichen Gott, der ihre MS-Erkrankung zuließ, stieß sie auf mein Buch „Gott heilt auch dich“. Sie rief mich an und wollte wissen, ob der Buchtitel auch für sie persönlich gilt. Ich sagte: „Ja.“ Und erschrak über meine vermessene Antwort.

So begann eine freundschaftliche Beziehung mit einer quirligen Frau, die es geschafft hat, ein enormes Werk auf die Beine zu bringen – auch sich selbst.
Seit dieser Zeit lädt sie mich alle Jahre ein, in der Arche einen Vortrag zu halten. Und ich staune immer wieder, wie sie es gemeinsam mit ihrem Mann Siggi fertig bringt, den Saal zu füllen, die Leute anzuziehen, die Informationsschrift »Freunde schaffen Freude« herauszubringen und so viele bekannte und hervorragende Referenten herbeizuschleppen.
In der Arche herrscht Betriebsamkeit, und manchmal tanzt der Papst im Kettenhemd ...
Das vorliegende Buch ist ein weiterer Schritt auf dem Weg ihrer seelischen und körperlichen Genesung; denn wer seine Erfahrungen weitergibt, seine Gedanken niederschreibt, entsorgt sich.
Was sie auszeichnet, ist ihr Humor, den sie mit ihrem Glauben verbindet. Und nichts ist ja so erquickend wie diese heilsame Mischung. Sie – die Bekennende, ich – der Profi,

so hat sie einmal gesagt. Tatsächlich aber wird sie zum Profi und ich zum Staunenden.
Nicht zu vergessen ist Pater Beda, der uns nach Neresheim eingeladen hatte und die Anfänge mitgestaltete.
Wer das Buch liest, erlebt eine fromme Heiterkeit oder eine heitere Frömmigkeit. Oder sagen wir es so: Das einzige, was man auf der Welt ernst nehmen sollte, ist der Humor. Lesen Sie selber.
P. Dr. Jörg Müller SAC

„Die Ankunft eines Komödianten ist für die Gesundheit einer Stadt wichtiger als ein Eselskarren voller Medikamente."

Hippokrates

Eine Art Vorwort

Abends, bevor ich ins Bett gehe, übe ich Gesichter. Ich stelle mich im Bad vor den Spiegel und beginne, Grimassen zu ziehen. Und wenn ich ein gutes Gesicht erfunden habe, gehe ich schnell zu Siggi ins Wohnzimmer. Er sitzt da meistens gerade todernst auf dem Sofa und sieht sich die Tagesthemen an. Weil ich natürlich nicht sprechen kann, ohne das neue Gesicht kaputt zu machen, bleibe ich in der Tür stehen, bis er herüberschaut – und mich angrinst. Manchmal lacht er auch schallend los.
Ich bin von Natur aus ein humorvolles Menschenkind. Ich lache lieber, als dass ich weine. Ich weiß aber auch, dass es oft genug Grund zum Weinen gibt. Deshalb erkläre ich mich hiermit zur Laienexpertin in Sachen „Lachen ist gesund, aber ...“.
Es gibt ja zum Zwecke der Erheiterung ungezählte Bücher, Filme, Vorträge und Lachyoga-Clubs. Hast Du nicht auch den Eindruck, dass das Lach- und Humorangebot täglich wächst? Auch das Fernsehen widmet sich – wenn es nicht gerade Talksendungen, Krimis oder Tierfilme sendet – gehäuft der Gelotologie. Nein, das ist kein Schreibfehler, sondern die Wissenschaft des Lachens.
Mein Mann Siggi und ich haben an Humorkongressen im In- und Ausland teilgenommen. Dort wurde meist sehr ernsthaft – kein Spaß! – über die positiven, gesundheitsfördernden Wirkungen des Lachens referiert. Mein „Lach-Studienkollege“ und ich konnten in Workshops am eigenen Körper spüren, mit welchen Methoden Kinder und Senio-

ren, Kranke und Gesunde zum Lachen motiviert werden können.
Doch in der „Lachpraxis" sieht das Leben oft ganz anders aus. Lachkonsumenten sind ein verwöhntes, geradezu undankbares Volk. Der eine lacht über Kalauer, die andere über Comedy und manchem vergeht das Lachen im Leben. Sie lachen nurmehr bitter, was überhaupt nicht komisch ist.
Mit Dr. Hunter „Patch" Adams besuchten wir vor Jahren ein Speiselokal. Als Fans waren wir restlos von seiner Authentizität begeistert. Der Kellner des vornehmen Restaurants ärgerte sich freilich über den verrückten Gast und brachte dies auch zum Ausdruck, indem er nicht nur völlig ernst blieb, sondern auch gut vernehmlich maulte. Patch, dieser so fröhliche Gast, störte ihn offensichtlich sehr ...
Dem Kellner war an diesem Abend nicht zum Lachen zumute, ich dagegen lache seit Jahrzehnten mit Ausdauer, Begeisterung und – mein Umfeld wird es bestätigen – mit Lautstärke.
In den 70er Jahren konnte ich mich über die Gags des ostfriesischen Komikers Otto Waalkes kringelig lachen, und Filme mit Luis de Funès und Peter Sellers finde ich köstlich. Am meisten genieße ich dabei, dass nicht ich es bin, die von Fettnäpfchen zu Fettnäpfchen hüpft und ihre Mitmenschen für die schlimmsten Trottel der Erde hält. Ich darf auf dem Sofa sitzen und so befreit lachen, dass Kater Willi Reißaus nimmt – er wundert sich und mir geht es gut.
Lachen ist gesund, das steht für mich außer Frage. Auch Singen, Musizieren, Tanzen, Wandern, Basteln, Spielen, Sport und Schlafen sind gesund, denn sie führen uns für ein paar Stunden aus dem Alltag.
Erinnerst Du Dich noch, wie Du als Kind gespielt hast? Als Kind ist man stundenlang Cowboy oder Indianer oder resi-

diert als Prinzessin im prunkvollen Schloss. Das Gesunde daran liegt in dieser kindlichen Selbstvergessenheit.
Selbstvergessenes Lachen ist aber eine Kunst, die sich mancher Erwachsene erst einmal erarbeiten muss.
Zum Nachdenken über das Kindliche gehört unmittelbar auch ein anderer Gedanke: Warum verbringen so viele alte Menschen einsam und deprimiert ihre letzten Lebensjahre in einem Pflegeheim? Viele von ihnen sind über 90, einige sogar über 100 Jahre alt geworden. Ob sie dieses begnadete Alter erreicht haben, weil sie zeitlebens gern gelacht haben? Und was hat so viele von ihnen dann im Laufe der Jahre so traurig werden lassen?
Ich habe mit vielen alten Menschen gesprochen und keiner sagte mir, dass dieses hohe Alter vom Lachen komme. Viele sehen ihr Alter sogar als Last an.
Dabei bergen sie unschätzbare Werte an Lebenserfahrung, Erinnerungen und Weisheit in sich. Ich kann nur raten, die alten Menschen zu besuchen, mit ihnen zu reden, zu fragen und zu diskutieren – und vor allem mit ihnen zu singen und zu lachen. Glaubt mir, es ist spannend, wenn die erste Hemmschwelle überschritten ist.
Das hilft nicht nur den Alten, so ganz nebenbei tun wir uns selber etwas Gutes: Wir können getrost in die Zukunft blicken, denn wenn wir erst einmal alt und pflegebedürftig sind, werden wir uns auch Besucher wünschen, die sich für uns und unser Leben interessieren, mit denen wir Erfahrungen austauschen können.
Ich möchte im Alter bestimmt auch singen und lachen.
Vor allem lachen!

Zu dem berühmten Klinikclown Globo sagte einmal eine alte Dame: „Gell, Du kommst zu mir, wenn es ans Sterben geht?!“ Globo fragte erstaunt zurück: „Was, ich soll Dich

besuchen, wenn Du sterben musst. Ist das nicht unpassend?“ Die alte Frau strahlte ihn an und antwortete: „Globo, lieber lach’ ich mich tot, als dass sie mich zum Sterben ins Badezimmer schieben.“
Mein soziales Engagement und meine eigene Lebensgeschichte führen mich oft in die dunkelsten Winkel verletzter Seelen. Dort gibt es Momente, in denen nichts ferner ist als ein Lachen. Und genau dann ist es so hilfreich.
In Vorträgen wie „Ist Lebensfreude (v)erlernbar?“, „Mut zum Scheitern“, „Lachen ist gesund, aber ...“ und „Können Krisen Chancen sein?“ versuche ich, meine Mitmenschen an meiner Lebensfreude teilhaben zu lassen und ihnen Mut zu schenken.
Erwartet von mir aber keine Patentrezepte. Ihr seid frei, selber zu entscheiden, ob ihr dieses Erdendasein lieber lachend, weinend oder grantig verbringen möchtet. Ich möchte bunt gemischt leben – auch darüber will ich in diesem Buch berichten.
Inge Grein-Feil

Heilbad Krumbad, April 2009

Im Herbst 2008 verspürte ich den Wunsch, meine Gedanken über das Lachen, das Lächerliche und all das, was ich zum Heulen finde, aufzuschreiben.
Daheim, im Alltagstrubel unserer Aktion »Freunde schaffen Freude«, würde mir das trotz der Nähe zu meinem geliebten Mann Siggi und dem schmusigen Kater Willi nicht gelingen. Also suchte ich mir ein Schreibasyl. Ein Schwimmbad sollte von dort aus erreichbar sein, ein religiöses Angebot in der Nähe war mir wichtig, damit ich zum Krafttanken in den Gottesdienst gehen konnte. Da erinnerte ich mich an den Besuch bei einer Freundin im Heilbad Krumbad, das mit Kneipp-Naturheilverfahren, Wellness !!!! und Lebensfreude wirbt.
Da sitze ich nun in einem kleinen Zimmer unterm Dach. Um mein Wohlergehen sorgt sich die liebevolle Ordensschwester Bona der Ursberger St. Josefs Kongregation. Sie hat mir gleich in der ersten Stunde alle Wünsche erfüllt, die zu einer guten Mischung von Erholung und Arbeiten am Computer beitragen können: einen größeren Tisch, eine Mehrfachsteckdose, eine zusätzliche Lampe. „Und bitte nehmen Sie alle Tischdekoration mit, ich brauche jeden Zentimeter Platz für meine Zettelwirtschaft“, sagte ich ihr. Sie respektierte das alles klaglos und schleppte mir sogar noch eine Kiste Mineralwasser „Krumbach unerschöpflich sanft“ ins Zimmer.
Zuerst drängte es mich, gemeinsam mit Siggi Haus und Garten zu erkunden. Zwei Kerzen wurden an der Lourdesgrotte, die ich von meinem Zimmer aus sehen kann, angezündet – eine für unsere privaten Anliegen

und eine für alle Menschen, Tiere und Pflanzen, die unter der Not der Welt leiden.
Die Rehabilitationsklinik ist modern und mit allen Extras ausgestattet. Doch ich habe mich jetzt für einige Zeit im altehrwürdigen Teil, direkt neben der Wohnstatt der Schwester Oberin Monika, häuslich eingerichtet, um all die Gedanken aus meinem Kopf aufs Papier zu bringen, meine Lebens- und Lachgeschichte.

Bedenke das Ende

Einen Zettel mit diesem Spruch trage ich meistens in meiner Jackentasche. Er soll mich daran erinnern, dass nichts so wichtig ist wie ein gutes Ende.

Jeder von uns hat schon gestaunt, wie schnell ein Jahr vergeht. Die Frage, ob uns ein kleines Ärgernis auch dann noch wurmen würde, wenn wir uns Heute als den ersten Tag vom Rest unseres Lebens vorstellten, ist schnell beantwortet.

Während den Besuchen bei kranken und alten Menschen hat noch nie jemand gesagt: „Ach, hätte ich doch öfters meine Fenster geputzt!"

Aussagen wie „Ich hätte mir mehr Zeit für meine Lieben nehmen sollen!" oder „Wenn ich nochmal von vorne anfangen könnte, würde ich liebevoller mit mir selber umgehen" wurden mir allerdings schon oft anvertraut. Auch verpasste Gelegenheiten zur Versöhnung plagten so manchen in den Abschiedsstunden.

Meine eigene Mutter trug in ihren letzten Lebensmonaten noch harte Kindheitskämpfe mit ihrer längst verstorbenen Schwester aus.

Dass wir einmal geboren wurden, ist uns selbstverständlich, doch dass wir alle sterben müssen, verdrängen wir leicht. „Bedenke das Ende" erinnert uns auf behutsame Weise daran. Dabei liegt im Sterben eine große Gerechtigkeit: Alle müssen von dieser Erde wieder gehen, die Armen und die Reichen, die Kranken und die Gesunden.

Für die ewige Jugendlichkeit cremen und trainieren wir heute, lassen uns operieren und therapieren. Bloß nicht so alt aussehen, wie wir längst sind! Doch selbst wenn wir gesund sterben, sind wir nachher tot, sagt der Kölner Arzt und Buchautor Dr. Manfred Lütz. Der Kabarettist Urban

Priol drückt es noch dramatischer aus. „Auf der Titanic waren bestimmt die meisten gesund. Aber was hat es ihnen genützt?"

Ich bin überzeugt, dass Humor in Allem steckt. Wir müssen ihn nur finden. Einmal meldete sich eine junge Frau, als ich in der Klinik über „Bedenke das Ende!" sprach. Sie erzählte, dass sie im Internat war und die Leiterin, eine Klosterfrau, eben diesen Satz als Lieblingsaussage in großer Schrift im Klassenzimmer angebracht hatte. Eines Tages prallte sie mit ihrem Auto beim Rückwärtsfahren gegen die Klostermauer. Die schadenfröhlichen Schülerinnen holten schnell das Schild mit dem Spruch und lehnten es an die Delle: „Bedenke das Ende!"

Was nützt beispielsweise die beste Gesundheit, wenn ich für mein Dasein keinen befriedigenden Sinn finde?

„Bedenke das Ende" lässt sich auch gut für die Lebenserleichterung verwenden. Einmal musste ich zur Darmspiegelung. Da ich bei unbekannten Angriffen auf meinen Körper ein ziemlicher Angsthase bin, überlegte ich, wie lange dieser tiefe Blick in meine Intimsphäre wohl dauern würde.

Ich einigte mich mit mir auf maximal eine Stunde, schaute auf die Uhr und kurze Zeit später waren die 60 Minuten vorüber. So lange ist das ja gar nicht, beruhigte ich mich. Länger würde kein Arzt gegen Kassenvergütung im Dunkeln stöbern.

Noch ein Beispiel: Wenn ich mal wieder freiwillig längere Zeit auf Schokolade oder Eis verzichte, um ein Gefühl von Freiheit zu spüren, beobachte ich schon mal andere Eisesser, wie lange so eine Waffel mit zwei Kugeln Genuss bietet: Keine zehn Minuten. Also schaue ich auf die Uhr, nach etwa zehn Minuten tue ich, als hätte ich mein Eis bereits genossen. Schon fällt mir die Entbehrung leichter.

„Sie betrügen sich ja selber“, rief mir nach einem Vortrag eine Frau zu. Stimmt! Und das tun wir alle ständig: Neulich schenkte mir eine Freundin einen „Guten Abend“-Tee. Nach einem anstrengenden Arbeitstag fiel mir das Päckchen in die Hände. Da wollte ich es wissen. Ich brühte mir den Tee auf, trank ihn und wartete einige Zeit auf den guten Abend. Nichts geschah, außer dass ich ein klein wenig früher im Sessel einschlief. N'Abend!

Millionen Mal Lebensfreude

Was unter dem Begriff „Lebensfreude“ alles kursiert, passt auf keine Kuhhaut. Die Suchmaschine Google findet 1,63 Millionen Mal den Begriff „Lebensfreude“. (Suchbegriff „Lachen“: 35.800.000 Treffer). Selbst neben meinem Lieblingskaffee liegt eine rote Zuckertüte mit dem Aufdruck „Offizieller Ausstatter der italienischen Lebensfreude!“ Wenn es uns also schlecht geht, genügt es, die rote Tüte anzuschauen oder unters Kopfkissen zu legen? Oder was? Was Werbeleute sich so ausdenken ...
Weil ich gerade am Fenster sitzend schreibe, nutze ich die Gelegenheit und blicke nach draußen. Zum Greifen nahe sind die Bäume des Mischwalds. Im Laub raschelt es. Eine Amsel sucht Futter. Da haben wir schon wieder so eine liebenswerte Täuschung.
Ich löcherte mal einen Ornithologen mit meinen Fragen. Er saß bei einer Tagung zufällig bei mir am Frühstückstisch und ahnte nicht, dass ich unsere gefiederten Freunde so liebe. Ich schwärmte ihm vor, wie schön die Vögel ihr Lied in den Morgen hinaus singen. Das wäre bestimmt dem lieben Gott zur Ehre und uns zur Freude.
Er schaute mich irritiert an und brummte: „Die Vögel singen nicht wegen Ihnen. Da geht es knallhart ums Überleben, damit der Nachwuchs und somit die nächste Generation gesichert ist. Je lauter sie ihr Lied hinausträllern, desto mehr verteidigen sie ihr Revier.“
War ich doch all die Jahre dem Trugschluss aufgesessen, die Aufgabe der Singvögel wäre das Singen! Egal, ich freue mich trotzdem, wenn unsere Hausamsel morgens und abends auf dem Schornstein jubiliert und die Stare um die Wette trällern. Ich weiß ja nun Bescheid, dass sie auf diese berührende Weise den Rivalen signalisieren, sie sollen

ihnen nicht so nahe aufs Gefieder rücken. Und natürlich werben sie auf diese Art und Weise auch mit ihrer Schönheit ... Es wäre einen Versuch wert, den Mächtigen der Welt vorzuschlagen, sie sollten anstelle kriegerischer Handlungen einfach singen.

„Bedenke das Ende" strukturiert meine Planungen. Als ich mich entschieden hatte, dieses Buch zu schreiben, verordnete ich mir eine Zeitspanne, in der ich fertig sein wollte. Dann legte ich noch inhaltliche Kriterien fest. Hört sich das banal an? Dann stell' Dir doch einmal vor, wie oft wir uns verzetteln, wenn wir strammen Schrittes – und ohne Plan – auf ein Ziel zugehen, das wir nicht kennen.

Siggi und ich beginnen jeden Tag mit einem längeren Gebet, in dem wir die vor uns liegenden Stunden bis zum Abend dankend durchdenken. Es sind meist keine spektakulären Ereignisse. Siggi benennt vieles, was man als selbstverständlich ansehen könnte: Dass wir unbedroht bei offenem Fenster schlafen können, dass wir Freunde, Verwandte, Nachbarn, gute Vermieter, Nahrung, Kleidung, Heizung und Arbeit haben – und ein schützendes Dach über dem Kopf. Dass uns Freunde zur Seite stehen und wir gemeinsam für Menschen in Not da sein dürfen.

Die Liste wird jeden Morgen länger. Ich empfehle Dir, einmal alles aufzuschreiben, wofür Du danken kannst.

Ich habe mal gelesen, wir sollten wie Goldgräber sein: Goldschürfen ist eine dreckige, mühsame Arbeit und so manche Tagesausbeute besteht nur aus winzigen Körnchen Gold. Trotzdem lassen sich echte Goldsucher nicht entmutigen.

Im Schreibasyl ...

Hier im Heilbad gehen die meisten Gäste und Patienten nach dem Abendessen aufs Zimmer. Ab 22 Uhr ist Hausruhe erbeten! Im Schwimmbad vermisse ich das übliche Schild „Nicht vom Beckenrand ins Wasser springen!". Als ich vor einigen Jahren schon mal hier war, dachte ich im Stillen, dass ich diese Ruhe nicht ertragen könnte. Keine Disco, keine „Äktschn", nur Vorträge, Dichterlesungen und Hausmusik.
Früher blieb ich in der Regel bis weit nach Mitternacht auf. Mein Argument: „Schlafen kann ich, wenn ich tot bin." Dass es mir an so einem beschaulichen Ort einmal gefallen würde, hätte ich mir nie vorstellen können.
Also sag besser niemals nie.

„Gott, was ist Glück? Eine warme Suppe, eine Schlafstelle und keine körperlichen Schmerzen, das ist schon viel.“

Theodor Fontane

1000 Jahre möchte ich werden

Seit einigen Jahren bin ich mit einem schwerstbehinderten jungen Mann befreundet. Ein Gehirntumor lähmte ihn, kurz nachdem er geheiratet und mit seiner Frau ein Haus gebaut hatte. Heute benötigt er 24 Stunden Hilfe, weil seine Lähmung alle Gliedmaßen betrifft. Seine Frau konnte dieses Elend nicht ertragen und verließ ihn. Er kämpfte alleine weiter und lernte, mit dem Sprachcomputer Briefe zu schreiben. Auf diese Weise kann ich mit ihm in Kontakt sein.

Ich erinnere mich gut an einen Tag im Frühjahr 2008. Ich hatte ziemlich schlechte Laune. Da kam Post von ihm. Er beschrieb, was er von seinem Bett aus alles sehen konnte: Die zarten Knospen am Apfelbaum, die Vögel, die fröhlich zwitscherten und mit dem Nestbau beschäftigt waren. Der letzte Satz beschämte mich in meiner Muffellaune: „Das Leben ist wunderschön. Tausend Jahre möchte ich werden!“

Im Schreibasyl ...

Weil ich hier meine Tage einmal ganz anders verbringen möchte, bat ich beim Service um einen Tisch für mich allein. Einerseits genieße ich es, dass ich mich bedienen lassen kann. Wenn man beim Essen nichts redet, entfalten sich die Gaumenfreuden umso intensiver. Andererseits ist mir auch bewusst, was mir entgeht: Spannende, interessante Unterhaltungen mit Menschen, die viel erzählen könnten.
Morgens um halb sechs schwimmen ein 87-Jähriger und ich unsere Rücken-Bahnen. Er ist auch so ein Schweigsamer, doch heute morgen hielt er plötzlich inne und sagte: „Ich habe hundert Bäume gepflanzt. Wir können jetzt von April bis September Kirschen essen." Meine erste Frage fand ich gleich darauf ziemlich blöd: „Haben Sie jemand, der diese Bäume weiterpflegt, wenn Sie mal nicht mehr können?" – Nein, sein Sohn ist Chefarzt und lebt weit weg. Und die Schwiegertochter hat auch keine Zeit. Die Enkel sind in Ausbildung.
Mit einer weiteren Frage versuchte ich die erste wieder gut zu machen: „Ist das Ihr Hobby?" – „Ja, auch. Aber mein richtiges Hobby ist das Krippenschnitzen. Ich hole mir Holz und Wurzeln vom Wald. Früher bin ich hierher mit der Kettensäge gekommen. Jetzt sammle ich nur noch, was schon daliegt."
Gemütlich Bahnen kraulend hörte ich ihm zu. Ich bewundere ihn. Was interessiert es da, ob jemand nach seinem Tod die Bäume weiterpflegt. Hauptsache, hier und heute ist die Welt in Ordnung! Wir modernen Menschen versuchen ständig, bis in die

fernste Zukunft zu planen – und vergessen dabei, unser heute auch wirklich lebenswert zu gestalten. Ein junger Baum kann uns schließlich schon heute erfreuen, auch wenn er erst in vielen Jahren Äpfel tragen oder Bretter liefern wird.
Martin Luther hat wahrscheinlich sein Apfelbäumchen auch in diesem Urvertrauen gepflanzt, ohne zu überlegen, wer später mal das Kompott kochen wird.

Gute Wünsche

Alle Jahre ereignet sich zu meinem Geburtstag das Gleiche. Ich bekomme jede Menge Glückwünsche und darüber freue ich mich sehr. Denn von guten Wünschen hat man nie genug. Meistens wünscht man mir „Gesundheit" und der drohende Zusatz „Gesundheit ist nicht alles, aber ohne Gesundheit ist alles nichts!" wird gerne angefügt.

Wenn dem so wäre, dann würdest Du im Moment nicht in meinem Buch lesen können, auch würde ich keine Vorträge halten und die »Freunde« gäbe es erst recht nicht. Denn alles – und in diesem Fall ist es wirklich alles, was mich heute bewegt – nahm 1982 durch meine schwere Erkrankung seinen Anfang. Wäre ich damals nicht aus der gewohnten Lebensbahn geworfen worden, wären Siggi und ich wahrscheinlich weiterhin erfolgreiche Kaufleute geblieben. Ich hätte mir mein Traumauto – ein rotes Cabriolet – gekauft und würde mich heute in hippen Sporthotels, mit anderen fitten Leuten messen.

Die Diagnose Multiple Sklerose wandelte mein geschäftiges, rastloses Leben in ein sinnerfülltes Dasein.

Deshalb sage ich gerne zu meinen Gratulanten, sie mögen mir künftig wünschen, dass es mir alle Tage aufs Neue gelinge, mit den Höhen und Tiefen meiner irdischen Zeit klarzukommen.

Ich behaupte gerne, dass Kranksein manchmal Ausruhen vom Gesundsein bedeuten kann. Magdalena, eine liebe Freundin, die in Deutschland verheiratet ist und deren Heimat auf den Philippinen ist, lässt ihren Kindern, wenn sie krank sind, eine ungewöhnlich liebevolle Pflege zuteil werden. Kranksein wird wie ein besonderes Ereignis gefeiert. Das kranke Kind darf sich den Platz in der Wohnung aussuchen, an dem es liegen möchte, es kann sich die Lieb-

lingsspeise wünschen und Besuche am Bett empfangen.
Einmal war ich dort, als die ganze Familie, fünf Schulfreundinnen, der Berner Sennenhund und die Katze zusammen mit auf dem Krankenlager saßen. Das Wohnzimmer war zur Hälfte ausgeräumt und an dem Platz, wo sonst der große Couchtisch stand, lag auf einem Matratzenlager wie eine Prinzessin das kranke Mädchen.
Probiere es doch mal mit Deinem Kind oder Enkelkind aus!
Ich höre schon die Gegenargumente: „Wenn man krank ist, braucht man Ruhe und Hygiene."
Wichtiger als Ruhe ist zum Gesundwerden aber menschliche Nähe und Anteilnahme – und immer wieder eine doppelte Portion Fröhlichkeit.

„Man sollte sich jeden Tag mindestens einmal verlieben

... in einen Menschen

... in eine Blume

... in ein Musikstück

... in eine Idee

... in ....

(Platz für Deinen persönlichen Wunsch.)“

Aus einem Brief, den mir unsere Freundin Edith Birkner
nach Krumbad geschickt hat

Im Schreibasyl ...

Während ich dies alles aufschreibe, bin ich also für vier Wochen in diesem Heilbad im bayrischen Schwaben. Nicht zur Kur, sondern um Zeit für mich und anderes zu haben.

Es gibt hier viele Wellness-Gäste. Und Reha-Patienten. Die sind größtenteils hochbetagt. Sie haben Hüft- und Knieoperationen und Stürze hinter sich und lernen an Krücken und Gehhilfen wieder neue Sicherheit beim Gehen. So eine Reha kann auch den Umzug in ein Pflegeheim verhindern. Im altehrwürdigen Speiseraum sehe ich graue Haare, so weit das Auge reicht. Ich bin im modernen Anbau und dort genieße ich stolz mein jugendliches Outfit in gefärbtem Goldblond.

Einen Mann an meinem Nebentisch hörte ich sagen „Meine Tochter ist auch hier, obwohl sie erst 72 ist.“ Eine blinde Frau schiebt ihren 100-jährigen Lebensgefährten mit dem Rollstuhl durch die Flure. Er gibt die Anweisungen, wo es lang geht, und weil er schlecht hört, wiederholt sie laut und deutlich alles, was die Therapeuten und das Servicepersonal sagen.

„Als wir noch so jung wie Sie waren, da haben wir unsere Ferien ganz anders verbracht und erholen mussten wir uns auch damals noch nicht“, sagten sie mir. So jung wie ich – super! Das läuft mir runter wie Öl. Ich wusste es ja, dass alles Ansichtssache ist und ich hier an einem wahren Jungbrunnen gelandet bin.

Trotzdem beschleicht mich das Gefühl, dass es womöglich schon später ist als ich denke.

„In Langeweile, Angst und Einsamkeit liegen die wesentlichen Wurzeln von Krankheit.“

Dr. Patch Adams

Eine Unterhose als Kopfschmuck

Eigentlich wollten Siggi und ich 1997 im Rahmen unserer Ausbildung zu Klinik-Clowns einen Workshop mit dem berühmten amerikanischen Clown Dr. Hunter „Patch" Adams, dem Pionier der Lachtherapie, gemeinsam absolvieren. Doch dann war Siggi verhindert. Unser Freund Kai sprang begeistert ein und wir trafen uns in Stuttgart im Zug. „Eins sag' ich Dir gleich", bereitete ich ihn auf mein Seminarverhalten vor, „ich mache bei allem mit, nur nicht wenn es zu vertraulich und körpernah wird".

Über Patch Adams hatten wir schon viel gehört. Er war und ist einer der ersten und besten Klinikclowns. Weltweit wirbt er noch heute für seinen Lebenstraum, den Bau einer Klinik in West Virginia, in der vor allem Bedürftige menschliche Anteilnahme und Behandlung erfahren sollen. Neugierig suchten wir nach dem Einchecken den Seminarraum auf. Patch begrüßte jeden von uns persönlich. Auch sein Dolmetscher – der Freudenstädter Clown David Gilmore – erwartete uns strahlend. „Ich kann es mir nicht vorstellen, wie über siebzig Teilnehmer hier was lernen sollen", äußerte ich meine Skepsis gegenüber Kai. Wir saßen, bis auf wenige „Seilschaften", die sich bereits kannten, wie Fremde in einem gigantischen Stuhlkreis.

„Wir wollen uns zuerst gegenseitig ein wenig besser kennen lernen und locker werden", sagte Patch Adams. In meiner Magengegend kribbelte es. Spiele, bei denen man fremden Menschen körperlich nahe kommen muss, finde ich unerträglich. An alle Hobby-Therapeuten: Natürlich hat das tiefliegende seelische Gründe, doch die muss ich nicht allen gleich in der ersten Stunde auf die Nase binden.

Derlei „Vollkontakt-Spiele" begegneten mir bei Patch Adams auch nicht zum ersten Male: Siggi und ich hatten

uns 1984, im ersten Jahr der »Freunde«, zu einem Seminar im tiefsten Bayern angemeldet, bei dem wir „Positives Denken" lernen wollten. Jede Krankheit, jedes Problem würde auf diese Weise gelöst werden, hieß es im Prospekt.
Der Leiter war ein bundesweit bekannter Mentaltrainer. Zum ersten Kennenlernen liefen wir alle durcheinander zu immens lauter Musik durch den Raum. Ich wollte mich kurz ausruhen, doch bekam ich gleich eine Rüge: „Inge, Du willst gar nicht gesund werden – Du brauchst deine Krankheit."
In diesem Stil ging es weiter. Der Leiter wünschte sich auch, dass Ehepaare nicht im gleichen Zimmer übernachten sollten.
Als die Spiele immer körpernaher, die Musik immer lauter und der gesamte Verlauf dubioser wurde, fasste ich den Entschluss, noch vor dem Frühstück meine Sachen zu packen. Siggi gefiel die Art des Seminars auch nicht und so einigten wir uns, klammheimlich vor dem Morgengrauen zu verschwinden. Da wir die hohen Seminarkosten bereits im Voraus bezahlt hatten, rief ich den „positiven Leiter" später in seinem Büro an und bat um Rückerstattung. Seine bösen Worte möchte ich hier nicht wiederholen.
Wir konnten über diese Diskrepanz zwischen seinen Lehrsätzen und diesem Verhalten nur lachen. Diese Lebenserfahrung nannten wir einfach „Lehrgeld".
Doch zurück zum Workshop mit Patch Adams. „Sucht Euch hier im Kreis jemand aus, den Ihr noch nicht kennt", sagte er und fuhr fort: „Egal, ob Mann oder Frau. Dann geht zusammen auf Eure Zimmer und holt eine Unterhose aus dem Schrank. Jeder soll sich vom Schlüpfer des anderen eine Kopfbedeckung binden. Wenn Ihr das habt, dann sucht Euch einen ruhigen Ort und erzählt dem anderen etwas Privates aus Eurem Leben. Am besten etwas, das Ihr

noch nie jemand anvertraut habt".
Im Raum stieg der Geräuschpegel sprunghaft an. Lautes Lachen und unsicheres Kichern mischten sich mit Rückfragen. „Dürfen wir im Haus bleiben?" „Nein, bitte nicht – auch nicht im Zimmer. Geht raus aus dem persönlichen Umfeld und sucht Euch einen Platz, an dem Ihr zwar ungestört und alleine seid, aber unter anderen Leuten."
Kai grinste spitzbübisch und zog los. Ich sah noch, wie er sich einer jungen, hübschen Frau näherte. Dann war er weg. Mein Herz schlug mir bis zum Hals. Ich sah die anderen Frauen im Raum an und spürte sofort Unsicherheit und Scham. Was werden die anderen denken, wenn sie sehen, dass ich nur weiße, hüfthohe Baumwollunterwäsche trage? Eines wusste ich sofort: Mit einem Mann würde ich nicht aufs Zimmer gehen und die Unterhosen tauschen.
Ich trat die Flucht nach vorn an, denn wenn ich in einer unklaren Lage die Kontrolle übernehmen kann, ist das schon die halbe Miete. Also gab ich mir einen Schubs, bevor jemand anders auf mich zukommen konnte. Im Gegensatz zu meinem sonstigen eher forschen Verhalten pirschte ich mich schüchtern an eine gleichaltrige Frau heran und fragte, ob sie mit mir wohl „an die Wäsche" gehen würde. Mit spürbarer Erleichterung beantwortete sie meinen Antrag mit einem verschmitzten „Ja".
In ihrem Zimmer lachten wir wie junge Gören, als wir feststellten, dass wir beide „Baumwolle-hüfthoch-weiß"-Typen waren.
Wir banden uns phantasievolle Kopfbedeckungen und fühlten uns nach fünf Minuten wie Freundinnen, die sich schon ewig kannten.
„Sollen wir unser Gespräch in der Kirche führen? Die ist nicht weit weg und da ist jetzt bestimmt nichts los", fragte ich. Mit ersten zaghaften Schritten wagten wir uns ins

Treppenhaus, begegneten anderen Akademiegästen. Unsere Kollegen erkannten wir selbstredend am lustigen Kopfschmuck. Was für eine Vielfalt: Ein älterer Herr trug neckisch einen knallroten Stringtanga als Piratenaugenklappe. Seine junge Begleiterin fiel mit einem grauen Riesenturban auf.
Nach einer Testrunde durch den Garten legten wir eine erste Verschnaufpause im Sanitärbereich ein. Dort standen zwei attraktive Frauen vor dem Spiegel und äußerten sich abfällig über uns: „Das ist ja widerlich, wie die hier alle rumlaufen!" Die beiden gehörten zum Managementseminar „Erfolgreiche Verkaufsgespräche führen", das gleichzeitig im Hause stattfand.
Wir schauten uns an und kicherten.

Geheimnisse hinter der Säule

Zur Kirche mussten wir nur ein paar Meter die Straße hinuntergehen. Die Eichentür war unverschlossen. Beim Eintreten bekreuzigte ich mich mit Weihwasser, fand es sogleich unpassend und sah unsicher im Kirchenraum umher. Die Bänke waren allesamt leer, es war angenehm still. Die Sonnenstrahlen brachen sich in den bunten Fenstern und hüllten alles in ein warmes Licht. Wir fanden Platz im Schatten einer Säule, wo wir ein klein wenig versteckt saßen.

Lange Minuten hingen wir unseren Gedanken nach. In dieser Stille erschreckte mich ihr Räuspern. „Ich muss was loswerden, was ich noch keinem Menschen anvertraut habe", sagte sie. Mein Lächeln deutete sie als Einverständnis, sie rutschte ganz nah neben mich.

Die Familie habe sie, flüsterte die damals 55-Jährige, immer als optimistisch und frohgemut geschildert. Im Grunde ihres Herzens könne sie dies auch bestätigen. Seit einem Vorfall sei alles anders geworden. Ich musste mich zu ihr hinüberbeugen, weil sie immer leiser sprach. Unsere Hände berührten sich.

Den Beruf der Altenpflegerin habe sie gewählt, weil sie mit Menschen zu tun haben wollte, anstatt nur an einer Maschine zu arbeiten. Bei einem Hausbesuch bemerkte sie, dass der alte Herr sie nicht sofort erkannte. Er wirkte verwirrt. Dabei hatte er sich am Tag zuvor noch lachend von ihr verabschiedet und ihr nachgerufen: „Kommen Sie bald wieder! Mit Ihnen ist es immer so fröhlich. Ich brauche das."

In den zwei Jahren zuvor war sie regelmäßig als Pflegerin zu ihm gekommen. Sie mochte ihn, weil er unkompliziert und gebildet war. Deshalb überzog sie bei ihm auch ständig

ihr knappes Zeitbudget.
„Und zwei Tage später fehlte er“, erzählte sie leise. „Niemand konnte mir sagen, wo er sich befand. Meine Chefin vermutete, dass er in einem Heim untergebracht worden sei. Aber wo, das wisse sie nicht. Es ließ mir keine Ruhe und ich rief seine Tochter an. Ihr Verhalten befremdete mich. Mit kühler Stimme entgegnete sie mir, dass ihr Vater aus Kostengründen anderswo wohnen müsse. Ich wurde das Gefühl nicht mehr los, dass da irgendwas nicht stimmte. Wer mit alten Menschen zu tun hat, weiß, dass es viele sind, die in der letzten Lebensphase nur noch das Notwendigste bekommen, nach der Devise, satt, sauber und still.“
Jetzt sprach sie bestimmt: „Ich werde nachforschen, wohin sie den alten Herrn gebracht haben. Ich muss rausbekommen, ob jetzt noch jemand Zeit hat, um mit ihm zu reden und zu lachen.“
Mir lief es eiskalt den Rücken runter. Dann schaute sie mich forsch an: „Genug! Jetzt Du!“
Eigentlich war mir eher zum Weinen, doch als ich ihren „Unterhosen-Hut“ sah, musste ich wieder lachen. Es hallte in diesem hohen Kirchenschiff. An die mir anvertraute Geschichte muss ich seitdem immer wieder denken.
Ich begann zu erzählen: „Ich war 1989 acht Wochen lang zu einer psychosomatischen Therapie in der Hochgrat-Klinik im Allgäu. Dort konnte ich über vieles reden, was mein Leben bis dahin geprägt hatte.“
Im Nachhinein finde ich es merkwürdig, dass ich gerade nach ihrer bedrückenden „Altenentsorgungsgeschichte“ an meine Kindheit denken musste.
„Ich war noch ziemlich klein“, fuhr ich fort, „vielleicht fünf oder sechs. In die Schule ging ich jedenfalls noch nicht. Als Einzelkind fühlte ich mich ständig der Beobachtung meiner gestrengen Eltern und der sexuellen Belästigung durch

meinen Großvater ausgeliefert. Dabei war ich von Natur aus sehr fröhlich und lachte über jeden noch so kleinen Spaß. Ich hatte ein Bild gemalt und fand es ziemlich lustig. Darüber musste ich lachen. Als ich sah, dass mich meine Eltern ärgerlich anblickten, musste ich umso mehr lachen. Ich konnte gar nicht mehr aufhören, weil mich mein eigenes Lachen ansteckte. Mein Vater kam auf mich zu und gab mir eine Ohrfeige. Ich solle mit dem blöden Getue aufhören und zwar sofort. Ich musste immer weiter lachen. Die Tränen flossen mir übers Gesicht. Da schlug er nochmals zu. Und nochmals, solange bis mir endlich das Lachen im Halse stecken blieb. ‚Mach so was nie wieder!', drohte er und ging weg. Meine Mutter schaute nur zu und murmelte dann die Worte des Vaters nach ‚Hör bloß auf mit dem blöden Lachen'."

Plötzlich stiegen mir in dieser Kirche die Tränen in die Augen, meine Stimme versagte. Ich fühlte mich klein und schutzlos. Die Frau neben mir, die meine Unterhose auf dem Kopf trug, drückte meine Hand und streichelte sie.

„Das gleiche ist nochmals passiert, allerdings unter gegenteiligen Voraussetzungen. Ich war ja nicht nur ein fröhliches, sondern auch ein ziemlich aufgewecktes Kind. Vermutlich würde man mich heute mit Ritalin ruhig stellen. An jenem Tag hatte ich wieder einmal etwas angestellt. Mein Vater schlug auf mich ein und ich begann zu weinen. Er schrie, ich solle sofort mit dem Weinen aufhören. Sofort! Doch ich musste immer mehr weinen und er schlug und schlug mit so einem Rohrstock, bis meine Tränen versiegten."

An dieser Stelle musste ich meiner unbekannten Freundin unbedingt sagen, dass ich während der psychosomatischen Therapie gelernt hatte, meinen Eltern zu verzeihen und auch sie um Entschuldigung bitten konnte. Es war ein

schmerzhafter, langer Prozess.
Begonnen hat es während der Kerngruppenarbeit. Ich konnte in diesem geschützten Rahmen meine Wut und meine Verletzungen hinausschreien. Der Therapeut bat mich am Ende der Stunde, ich solle mich auf einen Stuhl setzen und mir vorstellen, ich wäre meine Mutter. Und eine Weile später bat er mich, dass ich mich in meinen Vater einfühlen sollte. Nun sollte ich der kleinen Inge sagen, warum ich – zuerst Mutter, dann Vater – so hart mit ihr umgegangen war. Obwohl ich die Worte selber gesprochen habe, hörte ich mir überrascht zu. Ich ließ meine beiden Eltern vom Krieg und den erlittenen, familiären Verletzungen und der eigenen Kindheit erzählen. Doch während ich mich in meine Eltern einzufühlen versuchte, spürte ich, dass auch ich bei ihnen Abbitte leisten wollte. Ich war nicht die brave, angepasste Tochter gewesen, auf die sie stolz sein konnten. Auch ich hatte ihnen vieles abverlangt, dem sie nicht gewachsen waren.
Meine neue Vertraute und ich blickten uns an. In dieser Kirche, hinter der Säule, war die Zeit wie im Fluge vergangen. Mit unseren Unterhosen auf dem Kopf waren wir beiden Frauen uns während des Erzählens innerlich und äußerlich so nahe gekommen, wie ich es nur mit wenigen Freunden bisher erleben durfte.
Patch Adams ist es mit dieser einfachen, wenn auch reichlich außergewöhnlichen Methode gelungen, aus unserem großen Teilnehmerkreis innerhalb eines Vormittags eine offene, vertrauensvolle Gemeinschaft zu formen. Bei den unterschiedlichsten Clownsspielen trauten wir uns, völlig frei zu experimentieren. Wären Außenstehende gefragt worden, wie lange sich diese Gruppe wohl bereits kannte, hätte vermutlich niemand gedacht, dass sich die meisten von uns vor Stunden noch völlig fremd gewesen waren.

Im Schreibasyl ...

Zwischendurch löse ich mich immer mal vom Schreibtisch und gehe eine Runde spazieren. Da lief mir ein braunes Eichhörnchen über den Weg. Ich rief „Lausi“ nach ihm, doch es verschwand blitzschnell im höchsten Wipfel.

Mein „Lausi“-Ruf erinnerte mich an eine fast vergessene Episode: Mein Vater hat lange Jahre Eichhörnchen gezüchtet. Da wurde einer dieser Winzlinge von seiner Mutter verstoßen. Ich bot mich an, den kleinen Kerl mit der Flasche hochzupäppeln. Sein Fell war in den ersten Tagen voller Parasiten, daher gab ich ihm den Namen „Lausi“. Dieses Eichhörnchen wurde so zahm, dass ich es in der Schurztasche mit in die Stadt nehmen konnte. Es schlief und nuckelte an meinem Finger. Wenn es allerdings ausgeruht war, benützte es mich als Baum und raste von unten nach oben und wieder zurück. Erschöpft blieb es dann auf meiner Schulter sitzen und knackte seine ersten Haselnüsse. Mit Lausi erlebte ich eine unvergessliche Zeit. Doch als ich schwanger war, spürte der kleine Bengel die Regung des Kindes in meinem Bauch. Er ist wohl erschrocken und biss zu.

Ich musste mich tränenreich vom ihm trennen. Bei seinen neuen Besitzern ist er bald schon in die Freiheit entwischt.

Die Liebe zur Natur und ihren Geschöpfen

Mein Vater verbrachte nach seiner Pensionierung die meiste Zeit im nahen Stadtwald. Dort nagelte er eines Tages ein Vogelhäuschen an einen Baum. Fortan ging er Sommer wie Winter zum Füttern dorthin. Aus der einen Futterstelle wurde im Laufe eines Jahres ein beachtliches „Vogelparadies".

Der Förster bemerkte wohl die rührigen Aktivitäten meines Vaters und duldete sie stillschweigend. In Nacht- und Nebelaktionen zog mein Vater einen dichten Reisigzaun um das Gelände. Heimlich fällte er störende Fichten, verarbeitete sie zu Sitzgelegenheiten. Mit Gartenzwergen und Rehen, Hasen, Igeln aus Plastik verschönerte er sein Waldidyll. Auch die Anzahl der Vogelfutterstellen vermehrte sich von Woche zu Woche. Als die Anlage über Nacht von Vandalen zerstört wurde, ließ er sich nicht entmutigen. Die Tagespresse berichtete ausführlich über die Demolierung des Vogelparadieses im Stadtwald. Mein Vater bekam dadurch Rückendeckung von der Öffentlichkeit.

Bald schützte ein einbruchsicherer hoher Zaun aus Draht und Tannenzweigen die Anlage. Mitten hinein baute er zwei komfortable Hütten, eine fürs Werkzeug und eine mit Sofa für den Mittagsschlaf. In den folgenden Jahren besuchten Schulklassen aus der näheren und weiteren Umgebung diese Attraktion.

Heute denke ich, dass mein Vater bei dieser selbstvergessenen Arbeit ein echtes Glücksgefühl erlebte. Das Vogelparadies wurde erst nach dem Tod meines Vaters von den städtischen Bauhofarbeitern mit schwerem Gerät geräumt.

„Verzeihen ist keine Narrheit. Nur ein Narr kann nicht verzeihen!“

Aus China

„Verzeihen ist eine Eigenschaft des Starken.“

Gandhi

Verstehen und Verzeihen

Mit dem „Psychodrama“ in der Hochgrat-Klinik begann mein langer Weg des Verstehens und Verzeihens. Meine Eltern sind schon viele Jahre tot, und heute kann ich ohne Groll, dafür mit Verständnis und Liebe an die beiden denken. Ich erinnere mich gerne an ihre guten Seiten und auch daran, dass sie nicht nur streng, sondern sehr empfindsame Menschen waren, die viel lachen konnten.

Selbst mein Vater hat in späteren Jahren gewagt, Trauer und Schmerz zu zeigen und Tränen nicht mehr mit versteinerter Miene zu unterdrücken, wie man es seiner Kriegsgeneration eingebläut hatte.

Dass ich meine Eltern loslassen und ihnen meine Kindheitsverletzungen verzeihen konnte, erlebe ich noch heute als befreiende Wohltat. Ich durfte noch einige Jahre meine Mutter und meinen Vater als liebevolle Eltern erleben. Wenn mich heute ein lachender Siggi wegen bestimmter Charaktermerkmale auf den Arm nimmt und dazu sagt: „Ja, ja, wie der Andreas!“ – dann kann ich mitlachen, auch wenn er mich dabei mit meinem Vater vergleicht.

Die Gefahr, dass wir so werden wie die Menschen, auf die wir uns immerzu nachtragend konzentrieren, ist groß. Ich empfehle allen, die im Herzen Groll gegen jemanden hegen, sich auf den Weg des Loslassens und Verzeihens zu begeben.

Dieser Weg ist auch nicht ohne Überraschungen: Als ich vor vielen Jahren mit meinem Vater ein offenes Wort wagte, war er maßlos überrascht. Er hatte von all diesen Verletzungen nichts geahnt. Es tat ihm leid. Sie hätten es nur gut gemeint und mich aufs Leben vorbereiten wollen.

Der geliebte „Russe“

Meine Mutter stammte aus einer armen, kinderreichen Familie. Sie kannte Entbehrungen und Wagnisse. Im Krieg war sie bei den Sanitäterinnen und später bei der Post. Dort lernte sie meinen Vater kennen.
Wenn Mutter nicht gerade nervlich vollkommen überlastet war, erschien sie für eine Weile ganz angenehm. Alte Bekannte erzählten mir, dass sie in ihrer Jugend eine lebenslustige, ideenreiche Frau war. Was ihr Herz so gebrochen hat, habe ich nie erfahren.
Als ich mit 17 schwanger wurde, ließ sie mich jahrelang hängen. Ich denke heute, dass sie nicht anders konnte.
Erst als ich mit Siggi zusammen war, änderte sie ihr Verhalten grundlegend. Ihn mochte sie. Vater brauchte erst eine Probezeit. Bei der ersten Begegnung mit Siggi raunte er mir auf dem Flur zu: „Was bringst Du uns denn da für einen Russen?“ Doch aus dem langhaarigen, bärtigen „Russen“ wurde bald der geliebte Schwiegersohn.

Von meiner Mutter lernte ich schon als kleines Mädchen, dass man nichts verschenken kann, ohne dass es wieder zu einem zurückkehrt.
Einmal wollte ich einem Bedürftigen eine Geldzuwendung für den Kauf eines Radios schenken. Doch stieß ich mit meinem Vorschlag weder bei den »Freunden« noch bei Siggi auf Zustimmung und Verständnis. „Dann schenke ich ihm halt privat das Geld“, sagte ich trotzig. Der Briefträger nahm meinen Brief an der Haustüre mit und übergab mir ein dickes Kuvert von einem Onkel. In dem Brief steckte genau der gleiche Betrag, den ich vor wenigen Minuten verschickt hatte.

„Clowns probieren ein Leben lang wie die Kinder zu sein. Allerdings bewusst. Das ist der Unterschied.
Beim Clown ist das Hauptziel der Humor und das Lachen, nicht das Moralische. Er kämpft ständig gegen Hindernisse. Aber irgendwie gelingt es ihm dann doch, durch seinen kindlichen Übermut oder durch Zufall."

Dimitri (Clown)
Bei einer Tagung „Humor in der Therapie"
in Bad Zurzach/Schweiz

Lachende Menschen sind schön

Bei Patch Adams erfuhren wir auf der Suche nach unserem inneren Clown viel Natürliches über den Humor, das Lachen und die Freude, die wir uns und unseren Mitmenschen schenken können. Er motivierte uns, mit „unserem" Clown nicht nur für Auftritte auf Du und Du zu sein, sondern ihn mit in den Alltag zu nehmen. Er empfahl uns, lieber kindliche Phantasie walten zu lassen, als sich mit viel Farbe „auf lustig" zu schminken. Er selber hatte eine sehr weite, vor allem bunte Hose an, die sich zu einem langen oder kurzen Beinkleid, aber auch zu einem Rock verwandeln ließ. Seine Weste mit unzähligen Innen- und Außentaschen entpuppte sich als Fundgrube für ein Sammelsurium an Gegenständen. Die meisten davon verschenkte er bei seinen Clownerien an Kinder und Kranke.
Wenn er lachte, überzog sich sein Gesicht um Augen und Mund mit feinen Falten, durch die er noch sympathischer wirkte.
Seitdem schaue ich Menschen direkt an und stelle dabei schnell fest, ob jemand gerne und viel lacht. Hat mein Gegenüber Lach- oder Stirnfalten? Ich selber habe seit über zwanzig Jahren schon eine Stirnfalte und in der Klinik sagte einmal meine Therapeutin Stefanie „Inge, schau nicht so kritisch!" Als ich entgegnete, dass die Falte von meiner Lichtempfindlichkeit käme, lachte sie nur.
Wenn ich an einem Spiegel oder Schaufenster vorbeikomme, lache ich mir seit den Clownsausbildungen selber zu und ziehe schon mal wilde Grimassen.
Lachende Menschen sind schöne Menschen. Wer es nicht glauben mag, soll aufmerksam beobachten, wenn eine Fernsehkamera ins lachende Publikum schwenkt: Du siehst lauter schöne, sympathische Gesichter!

Diese Clownsfortbildungen haben mein Leben verändert. Wenn mich jemand fragt, wie es mir geht, und ich mit „gut" antworte, dann überprüfe ich umgehend, ob ich das auch schon meinem Gesicht mitgeteilt habe.
Unvergessen bleiben mir die Erzählungen von Patch Adams über seine Besuche in Kriegs- und Krisengebieten. Mit einem Team war er in Afghanistan. In diesem Land mit einer völlig anderen Kultur sind Clowns unbekannt. Auch unterscheidet sich von Land zu Land, von Religion und Tradition, von Familie zu Familie, worüber gelacht wird und gelacht werden darf.
Patch kam es bei diesem Auslandseinsatz besonders darauf an, als Amerikaner etwas anderes zu überbringen, als Bomben und Tod. Er und sein Clownsteam nahmen an der schmerzhaften Behandlung eines kleinen Mädchens teil. Sie hatte schwere Verbrennungen erlitten, verursacht durch Streubomben. Die Mutter und die Tanten hielten weinend das schreiende Kind und versuchten es zu trösten.
Die amerikanischen und europäischen Clowns wurden zuerst misstrauisch beäugt. Doch mitten in dieser herzzerreißenden Situation huschte ein Lächeln über das Gesicht des Kindes. Das Spiel der bunten Clowns hatte für einen Moment ihre Seele berührt. Die Stimmung in der Notfallstation entspannte sich, die Clowns schafften es, ein entspanntes Lächeln auf die Gesichter zu zaubern. Während der ganzen Behandlung spielte ein Clown zarte Melodien auf der Geige.
Es braucht noch viele Clowns in Kriegs- und Krisengebieten.

Im Schreibasyl …

Beim Frühstück entnehme ich der Zeitung, dass drei Millionen Kinder in Deutschland in Armut leben. Knapp sechs Millionen Kinder wohnen in Haushalten, in denen die Eltern über ein nicht existenzsicherndes Einkommen verfügen. Setzt sich diese Entwicklung fort, ist in zehn Jahren jedes zweite Kind arm. Diese benachteiligten Kinder bekunden ihre Angst vor Ausgrenzung und wünschen sich mehr Zuwendung von den Erwachsenen.
Wenn ich das lese, dann denke ich, dass es mir als Kind noch vergleichsweise gut ging. Hungern musste ich nie. Nur war ich immer der blauäugigen Meinung, dass es den Kindern heute besser gehe. Trotz Weltwirtschaftskrise gehört Deutschland noch immer zu den reichen Staaten.
Wir alle sind in der Verantwortung mit diesen benachteiligten Kindern zu teilen. Jedes Kind hat ein Recht auf unsere Wertschätzung. Es müssen nicht nur die eigenen sein, die spüren dürfen, dass wir sie mögen. Von staatlichen und kirchlichen Vertretern müssen wir Chancengleichheit für alle Kinder und Jugendliche fordern. Denn Kinder sind unsere einzige Zukunft!

Die ersten Schritte zum Clown in mir

Worüber lachen Kinder und Erwachsene beim Clown am meisten? Wenn er sich tollpatschig und doch pfiffig verhält, behaupte ich. Mit seinem Stolpern und Hinfallen, aber auch mit seiner Schlitzohrigkeit und der Tatsache, dass er sich von den „Großen“ nichts gefallen lässt, verbündet er sich mit allen Kindern (auch den „erwachsenen“ Kindern) dieser Welt. Er führt uns vor, dass Scheitern ganz normal ist – Hauptsache man ist voller Phantasie und das Spiel geht weiter. Man darf immer wieder hinfallen – wenn man danach nicht liegen bleibt, sondern wieder aufsteht. Und wer es nicht alleine schafft, soll einfach um Hilfe rufen.

Der Schweizer Clown Pello und Frau Putz

„Immer versucht, immer gescheitert. Einerlei. Wieder versuchen. Wieder scheitern. Besser scheitern!
Wer es sich erlaubt, zu scheitern, stellt sich auch den Schattenseiten des eigenen Lebens. Er verdrängt sie nicht, sondern nimmt sie an. Und er bringt den Mut auf, die an ihn gestellten Erwartungen nicht zu erfüllen.“

Hans Rubinich

Mehr Pech als Glück oder umgekehrt?

Viele Jahre lang hatte ich offensichtlich mehr Pech als Glück. Diesen Umstand schob ich lange Zeit meinen Eltern und der verkorksten Erziehung in die Schuhe. Im Schwäbischen besagt ein Sprichwort, dass man „mit vierzig gescheit wird – und wenn da nicht, dann nimmermehr".

Um meinen vierzigsten Geburtstag herum bahnten sich gravierende Veränderungen an. Damals ging mir nicht nur ein Licht, sondern eine ganze Lichterkette auf. Ich spürte, dass ich endlich selber Verantwortung für mein Leben übernehmen musste. Ich fand zu einem gesunden, sinn- und kraftgebenden Glauben, der mich auch wieder zurück in den Schoß der Kirche meiner Kindertage führte.

Wenig später gründeten Siggi und ich gemeinsam mit Freunden die Aktion »Freunde schaffen Freude e. V.« Hier sollte es nicht um die Defizite der einzelnen Mitglieder gehen. Also begannen wir andere zu motivieren, alle Talente und Möglichkeiten – auch die Restgesundheit – zu entdecken und zu aktivieren. Wir Menschen können uns doch wunderbar gegenseitig ergänzen – die Lahmen und die Blinden. Ein Beispiel? Nun, ich esse furchtbar gerne Kuchen. Aber backen? Nein, lieber nicht. Eine gute Freundin aber backt fürs Leben gerne. Und im Umkehrschluss gibt es wieder Momente, in denen ich ihr das Leben erleichtern kann.

Das erste Motto der »Freunde« war „Gemeinsam sind auch Schwache stark". Doch bevor alles losging, brauchte Siggi zuerst mit mir eine Engelsgeduld. Auf mein Jammern wegen der krankheitsbedingten Einschränkungen antwortete er immer wieder: „Beklag' Dich nicht dauernd über das, was Du nicht mehr kannst. Überlege, was Du mit der Krankheit erst recht kannst."

Durch einen Zufall fiel mir ein Buch von Norman Cousins in die Hände: „Der Arzt in uns selbst". „Wunderheilungsbücher" dieser Art mag ich eigentlich nicht, doch bei diesem Buch faszinierten mich schon die ersten Sätze. Dieser Autor schilderte den Weg seiner schweren Erkrankung bis hin zur Heilung. Er versuchte, sich mit Lachen und Humor Erleichterung zu verschaffen. Mit Unterstützung seines Hausarztes und auf eigene Verantwortung verließ er das Krankenhaus (Begründung: „Weil es Krankenhaus und nicht Gesundungshaus heißt."). Mit einem täglichen Lachpensum – allein und mit Freunden – versuchte er seine Heilung zu unterstützen. Und es gelang ihm.
Nun wollte ich es auch probieren. Also legte ich mich mit zeitweise heftigen Schmerzen und einer Wärmflasche auf den betroffenen Stellen ins Bett und schaute mir lustige Filme an.
Einmal musste Siggi unseren Nachbarn holen, weil das Klavier in einen anderen Raum gestellt werden sollte. Erwin, unser Nachbar, hörte mich im Gästezimmer lachen. Verdutzt fragte er: „Geht es Inge wieder gut? Ich dachte, sie wäre so krank." Offensichtlich zweifelte der Nachbar an meinem Verstand oder an der Ernsthaftigkeit meiner Erkrankung.
Eigentlich sollten die Ärzte Humor und Lachen als Medizin auf Rezept verordnen dürfen. Doch was musste ich im Krankenhaus erleben? Der Chefarzt fragte bei der Visite nicht zuerst „Haben Sie heute schon gelacht?", sondern „Hatten Sie Stuhlgang?"
Es ist eben alles Ansichtssache.
Folgender Witz möge diese Behauptung untermauern: Ein Mann muss ganz dringend zur Toilette, doch die ist besetzt. Er kann es kaum mehr aushalten und klopft in höchster Not an die Türe. „Bitte machen Sie schnell, ich mache gleich in

die Hose.“ Da kommt von drinnen ein gequältes Stöhnen: „Ach haben Sie es gut!“

Diesen Stoßseufzer hätte ich vor Jahren auch noch verwenden können: Über einen längeren Zeitraum konnte ich damals das Bett nicht verlassen und war gezwungen, die Bettschüssel zu benützen. Pipimachen geht ja noch, aber „große Geschäfte“? Liegend und auf einer am Po festklebenden Schüssel? Das war für mich wie Folter. Deshalb schwor ich, immer dankbar zu sein, wenn ich wieder eigenständig zur Toilette könnte.

Doch mit der ewigen Dankbarkeit ist das so eine Sache. Erstens vergaß ich alles ganz schnell wieder und zweitens konnte ich ja mit meiner Dankbarkeit nicht hausieren gehen. Stell' Dir vor, jemand wird gefragt, wie es ihm geht, und er strahlt übers ganze Gesicht: „Sehr gut, ich war heute schon selbstständig auf dem Klo!“

Aber im Herzen dürfen wir wissen, dass es ein großer Grund zur Dankbarkeit ist, wenn wir alleine aufs WC gehen können.

„Frau Putz“ wird geboren

Meine Mutter konnte trotz ihrer Pflegebedürftigkeit noch einige Jahre in den eigenen vier Wänden bleiben. Wir nahmen sie zu allen möglichen (und auch unmöglichen) Anlässen mit. Sogar zu Arbeitstreffen packten wir die „Oma“ auf den Beifahrersitz und ihre Liege, eine warme Decke und Windeln in den Kofferraum. Sie war bei solchen Ausflügen ins Unbekannte immer sehr entspannt und wir lachten und sangen dabei ausgelassen.

Bei einem Mittagessen in unserer Lieblingspizzeria schaute sich die alte Frau plötzlich nach allen Seiten um und strahlte übers ganze Gesicht. Dann verkündete sie laut und deutlich, so dass es auch die Gäste am Nebentisch hören konnten: „Hier hat es lauter hübsche Männer.“

Wir waren sehr unglücklich, als nach dem Tod meiner Halbschwester der Umzug von Mutters in ein Pflegeheim notwendig wurde. Zu uns aufs Land hatten meine Eltern nie ziehen wollen.

So blieb uns nichts weiter übrig, als jede Gelegenheit zu einem Besuch zu nutzen. Das Leben in so einem Pflegeheim empfanden wir als bedrückend. Ich fragte mich stets: Wie lebt jemand hinter den Türen, die immer verschlossen sind? Wer besucht die Leute, die immer allein auf dem Flur sitzen?

Bei den Besuchen bei meiner Mutter erinnerte ich mich plötzlich wieder an das Versprechen, das ich gegeben hatte, als mein kleiner Junge sterbenskrank war und ich ohnmächtig vor seiner Türe stehen musste. Ich hatte versprochen, Kinder zum Lachen zu bringen. Und warum nicht auch Alte? Wäre hier Clownerie nicht ebenso nötig?

Im Pflegeheim, im Zimmer meiner Mutter, kam ich mir genauso hilflos vor, wie damals bei meinem Jungen. Ich sorgte mich nicht um diejenigen, die noch auf den Fluren wandeln oder ins Café gehen konnten, sondern um alle, die einsam und alleine, oft ohne jeglichen Besuch in ihren Zimmern lagen und vielleicht warteten, dass der Tod sie endlich erlösen möge.

Der Kirchenvater Romano Guardini soll einmal gesagt haben, dass ihn die Frage, warum es auf Erden so viel Leid gibt, sehr beschäftige. Dies würde er nach seinem Tod im Angesicht Gottes als Erstes wissen wollen.

Auch mich treibt diese Frage um. Wenn wir in Geschichtsbüchern lesen, merken wir bald, dass es seit Menschengedenken noch keine Zeit ohne Leid gab. Trotzdem ergibt es keinen Sinn, mit der Freude zu warten, bis alles hier auf Erden Grund zur Zufriedenheit gibt.

Bei einer meiner ersten praktischen Erfahrungen als Klinik-Clownin „Frau Putz“ in einem Kinderkrankenhaus betrat ich munter ein Zimmer und wollte gerade auf meiner Spielzeugtrompete loströten. Da schauten mich die großen blauen Augen eines kleinen Mädchens an. Es klammerte sich an seine Mutter, unterbrach jedoch kurz sein Weinen.

Es durchfuhr mich wie ein Blitz. Dieses Mädchen erinnerte mich an meinen verstorbenen Jungen. Mir blieb nichts anderes übrig, als aus dem Zimmer zu rennen. Ich schloss mich heulend im Verbandszimmer ein.

Da musste ich an mein Versprechen denken, als Berndle damals so allein in seinem Krankenbettchen lag und weinte. Ich hatte doch geschworen, dass ich was unternehmen würde, um Kinder fröhlich zu machen!

Ich wischte meine Tränen weg, setzte die rote Nase auf und ging zurück in das Krankenzimmer. „Na, wie geht es Jasmin?“, fragte ich die Mutter. „Bestens, sie darf heute Abend nach Hause“, sagte sie.

Mir fiel ein Stein vom Herzen und ich konnte plötzlich mit

dieser Familie ausgelassen durch den Raum tanzen. Das Kind schaute mich lange mit großen Augen an – und ließ sich schlussendlich zu einem kleinen Lächeln hinreißen, was für uns alle schon ein riesiger Erfolg war.
Meinem verstorbenen Kind schickte ich einen Gedankengruß gen Himmel. „Siehst Du, mein kleiner Engel, ich halte das Versprechen, wenn auch mit etwas Verspätung!"
Mir war es, als hätte mir in diesem Augenblick jemand durch eine Wolke zugezwinkert.

„Ich glaube, jeder sollte versuchen, wieder an die Quelle des Kindlichen zu kommen, und freischaufeln, was im Verlauf der Zeit zugeschüttet wurde mit viel Materiellem und Egoistischem, mit Stress und Aggressivem.“

Dimitri

Clownerie kennt kein Alter

Eines Tages fragte die Leiterin einer Pflegeeinrichtung bei Siggi und mir an, ob wir Geri-Clowns-Visiten bei ihnen machen möchten. In besagtem Heim lebten hauptsächlich alte Menschen mit Demenzerkrankungen. Meistens starrten sie vor sich hin oder liefen scheinbar ziellos umher und suchten nach dem Weg nach draußen. Die Ausgangstüre war zur Sicherheit der Bewohner immer verschlossen.
Es war eine tieftraurige, wertvolle Zeit, in der wir mit unseren „Alten" lachten und weinten. Jedes Mal haben sie uns anscheinend gleich erkannt und uns ihre Freude darüber gezeigt. Es gibt viele Menschen, die sagen würden, dass dies bei Demenzkranken überhaupt nicht möglich ist.
Einmal fragten wir die Schwester, ob wir auch ins Zimmer fünf gehen sollten. Sie meinte, das wäre nicht nötig, die Frau bekäme nicht mehr viel mit. Doch Clowns sind neugierig. Also klatschten wir in die Hände und riefen „Nix wie rein!"
Zuerst sahen wir nichts, dann eine zusammengekrümmte zarte Person mit dem Gesicht direkt am Schutzgitter. Als sich nach unserem lauten „Hallo!" nichts regte, schauten wir uns fragend an und gingen zurück zur Türe.
Doch dann kam aus Richtung Gitterbett ein leises „Ja?". Mit gequälter Stimme wollte die alte Frau uns etwas sagen, das wir erst auf den dritten Anlauf verstehen konnten. Sie sagte: „Ich freue mich, dass Sie mich besuchen".
Ich war geschockt, doch für uns war es das Startsignal: Clowns dürfen auch zart die Hände streicheln und dazu singen. Es müssen nicht immer die polternden Scherze sein, obwohl gerade das Laute in den ansonsten so stillen Anstalten sehr wichtig ist.
Als wir uns nach einer halben Stunde von der alten Frau

verabschiedeten, schaute sie uns durch die Gitterstäbe an und flüsterte: „Danke, und besucht mich wieder!“
Später erfuhren wir, dass diese Frau in ihrem Berufsleben in einer Weltfirma Pressesprecherin gewesen und durch einen Schlaganfall in diese Lage gekommen war. Und seit ihre Schwester gestorben war, bekam sie keinen Besuch mehr.
In der folgenden Nacht hatte ich einen schrecklichen Traum. Die Angst vor einer vergleichbaren Situation, vor dem eigenen Altwerden oder einer Behinderung ließ mich schweißgebadet und weinend aufwachen.

Deisi alias Karla Scheufele bei Pflegeheim-Visite

„Mein Leben lang bin ich es gewöhnt, zu warten, immer auf einen anderen Zustand, auf bessere Umstände zu warten. Über diesem ständigen Betrug vergehen die Jahre.“

Maria Merce Roca

Lügen haben lange Beine

Eines habe ich in meiner leidvollen Kindheit gelernt: Das Schwindeln. Das war für mich eine Überlebensstrategie. Kinder spüren schnell, wie sie sich verhalten müssen, um Aufmerksamkeit zu bekommen.
Ein Schlüsselerlebnis möchte ich erzählen. Zu jener Zeit kamen die ersten Italiener als Gastarbeiter nach Deutschland. Auch bei uns in Aalen, auf der Ostalb, eröffneten sie eine Eisdiele – unsere „Venezia". Die Halbwüchsigen zog es magisch dort hin. Doch mir wurde der Besuch dieser verlockenden Neuheit sofort verboten. Beim Weg von der Schule nach Hause erklärte mir mein Vater, der mich wieder einmal abgepasst hatte, in gestrengem Ton, warum „wir" nicht zu den „Itakern" gehen.
Da platzte es aus mir heraus: „Ich gehe da schon hin. Ich habe nichts gegen Ausländer. Ich würde sogar einen Neger heiraten!" Mit dieser frechen Antwort hatte ich den Zorn meines Vaters provoziert. Seine Reaktion erfolgte mit brachialer Gewalt. Er schlug wahllos auf mich ein. Für die Bloßstellung in aller Öffentlichkeit schämte ich mich lange, besonders vor meinen Lehrern und Mitschülern. Anmerken ließ ich es mir nicht, sondern ich sagte lachend zu ihnen am nächsten Tag: „So schlimm war das auch wieder nicht!"
Trotzdem begann ich, mich daheim völlig angepasst zu verhalten. Draußen – ohne meine Eltern – war ich ganz anders. Doch nun tauchte ein neues Problem auf: In meiner Realschulklasse waren auch Jungs. Mein Vater untersagte mir unter Drohungen den Umgang mit den Jungs aus meiner Klasse. Um sicher zu sein, dass ich sein Verbot auch befolgte, beobachtete er mich manchmal auf dem Schulweg. Mit der Freiheit „draußen" war es nun vorbei. Wenn mich Vater beim Spielen und Reden mit einem Jungen ertappte,

gab es mittags Ärger. Sein Prophezeiung „Wenn Du so weitermachst, bringst Du noch ein Kind heim!“ kann ich noch heute hören.
Mit 14 unternahm ich einen ersten Versuch, mir mit einem Schlafmittel aus dem elterlichen Arzneischrank das Leben zu nehmen. Ich bin mir sicher, dass ich gar nicht sterben wollte. In verzweifelter Wut wollte ich es ihnen heimzahlen. Sollten sie doch sehen, was sie an mir gehabt hatten!
Doch dieser Hilfeschrei brachte mir nicht die erhoffte Liebe, im Gegenteil: verschärften Hausarrest und Schläge.
Damals lernte ich bei einer Freizeit die Jugendgruppe der Naturfreunde kennen. Bei den Gruppentreffen lachten und musizierten wir, mit einem anderen Mädchen konnte ich zweistimmig Wander- und Volkslieder singen. Es klang wunderschön.
Einmal war ein Treffen am Abend geplant, doch es wurde mir verboten, dorthin zu gehen. Also schlich ich mich heimlich aus dem Haus und ließ mich von einem „Naturfreund“ auf dem Moped abholen. In der Gruppe vergaß ich das Heimgehen, und als ich auf die Uhr sah und es schon nach 22 Uhr war, bekam ich Angst und drängte zum Aufbruch. Der Freund hatte versprochen, mich wieder heimzufahren. Dann hätte ich nur noch mit dem Zweitschlüssel in die Wohnung schleichen müssen.
Inzwischen hatte es geregnet und das Moped verlor auf der nassen Straße in einer Kurve den Halt. Der Junge lag mit Schlüsselbeinbruch unterm Zweirad im Straßengraben, ich kam bewusstlos auf der Straße zum Liegen. Wie ich später hörte, zog er mich trotz seines schmerzhaften Bruchs von der Fahrbahn.
Die folgende Zeit habe ich aus meiner Erinnerung weitgehendst verdrängt. Während ich einige Zeit im Krankenhaus mit einer schweren Gehirnerschütterung und Schürf-

wunden verbringen musste, durchsuchten meine Eltern meinen kleinen privaten Bereich. Sie fanden in der Schulmappe mein Tagebuch, das ich in Geheimschrift und in Englisch geführt hatte. Vater gab es einem Kollegen zum Übersetzen. Danach meldete er mich trotz guter Noten von der Realschule ab. Die Lehrer wollten es ihm noch ausreden, aber es gab keine Gnade.
Zur Strafe steckte man mich übergangsweise zum Arbeiten in die Küche einer Dorfwirtschaft.
Als ich bei der Berufsberatung sagte, dass ich gerne male und schreibe, sagte mein Vater „Solchen Kokolores kannst Du machen, wenn Du Deine Füße nicht mehr unter meinem Tisch hast.“

Verhängnisvolle Prophezeiungen

Mit 17 suchte ich Trost und Zuwendung bei einem jungen Mann und prompt erfüllte sich die Prognose meines Vaters: Ich wurde schwanger. Es war ein Drama! Ich wurde vor die Alternative gestellt, das Kind abzutreiben oder sofort und ohne Hab und Gut das Elternhaus zu verlassen. Noch heute bin ich dankbar für meinen damaligen mutigen Entschluss: Ich ging von daheim weg, buchstäblich nur mit dem, was ich auf dem Leib trug.

Heute denke ich immer wieder an diese herbe Zeit, als ich – 17-jährig und schwanger – bereits heiratete und in ein völlig ungewisses Leben geworfen wurde. Eigentlich kann ich stolz sein, denn ich habe es geschafft und überlebt.

Ein halbes Jahr später gebar ich einen kleinen Buben, den Bernd. Was nun folgte, das überforderte den Vater des Kindes und mich völlig. Er hatte von seiner Familie gelernt, dass man Probleme am besten mit Alkohol ertränkt. Wenn er betrunken war, verwandelte er sich zu einem gefährlichen Ungeheuer. Wenn er nüchtern war, was leider immer seltener wurde, bereute er und war für kurze Zeit ein guter Ehemann.

Bei Bernd wurde nach einem Vierteljahr ein schwerer Herzfehler festgestellt. Er musste dadurch so viel leiden, besonders während der Zeit im Krankenhaus. Damals durften Mütter nicht ins Krankenzimmer. Es gab ein so genanntes Bullauge, durch das ich mein Kind sehen konnte. Meistens weinte mein Junge.

Diese erste Begegnung mit der „Macht der Ohnmacht“ hat sich in mein Herz eingebrannt. Ich stand vor dem Fenster und schluchzte jedes Mal haltlos.

Der kleine Bub konnte trotz der Qualen, die ihm zugefügt wurden, nicht gerettet werden. Er starb – und ich war nicht

dabei.
Ein Jahr lang ging ich jeden Tag auf den Friedhof an sein Grab und fragte „Warum?“. Ich fand keine Antwort, nur eines verstand ich mit der Zeit: Auf die Frage nach dem Warum gibt es keine Antwort. Erst als ich sie in „Wozu?“ änderte, kam ich weiter.
Dann wurde ich wieder schwanger und zur Welt kam ein Junge, den wir auf den Namen Oliver taufen ließen. Oliver war ein richtiger Lausbub und ich hatte in all den Jahren viel Freude mit ihm. Mit seinem Opa ging er oft in den Wald, auch zum Vogelparadies. Daraus entwickelte sich schon früh die Liebe zur Natur.
Später, als er erwachsen war, arbeitete er einige Zeit im Wald. Dann folgte eine Ausbildung zum Gartenbaulehrer an der Freien Waldorfschule. Dazu gehörten auch Studien in der Landwirtschaftlichen Schule in Hohenheim, bei einem biologisch-dynamischen Imker und in der Schafhaltung.
Ich war immer sehr stolz auf ihn. Gespräche mit ihm über Gott und die Welt gehören mit zum Schönsten in meinem Leben. Oft staune ich dann über seinen Humor und seine Lebensweisheiten. Wenn er dann noch seine beiden Kinder mitbringt, dann kennt mein „Oma- und Mutterglück“ keine Grenzen mehr!
Meine damalige Ehe entwickelte sich durch den Alkoholmissbrauch und die Aggressivität meines Mannes zu einem Drama in vielen Akten. Eine Begebenheit aus dieser Zeit will ich nicht vorenthalten, weil ich sie immer wieder an der offenen Heiligabend-Feier der »Freunde« erzähle. Heiligabend war für mich damals der blanke Horror, weil mein Mann in den fünf Jahren unserer Ehe am frühen Abend immer sturzbetrunken von einer Weihnachtsfeier heimkam. In seiner Wut warf er dann Möbelstücke und den Christbaum zum Fenster hinaus. Die Mitbewohner riefen

jedes Mal die Polizei, so auch an einem besonderen Heiligabend.
Ich zitterte am ganzen Körper, als die Polizisten den randalierenden Mann in Handschellen abführten. Ich bat sie um eine Zigarette. Doch alle drei waren Nichtraucher.
Eine Stunde später klingelte es an der Haustür. Ich erschrak, weil ich befürchtete, dass sie meinen Mann wieder hatten laufen lassen. Doch vor der Haustüre stand einer der Polizisten. Er drückte mir eine Packung Zigaretten mit den Worten in die Hand: „Trotzdem – frohe Weihnachten. Da ist Jesus auf die Welt gekommen. Ich habe früher auch so gesoffen wie ihr Mann und habe meiner Frau viel Leid zugefügt. Ich weiß, was Sucht ist. Doch das ist nun vorbei. Friede sei mit Ihnen – und auch mit Ihrem Mann!"
Ich weinte vor Freude und Verzweiflung. Und ich hoffte aus tiefstem Herzen, dass bei uns dieser Friede bald einziehen würde.
Mehr als 40 Jahre sind seitdem vergangen. Ich habe meinen Trost gefunden, weil ich glaube, dass Bernd wie alle kleinen Menschenkinder vom Himmel kam und als kleiner Engel seinen Auftrag hier auf der Erde erfüllt hatte. Daher durfte er so schnell wieder zurück. Meine gesundheitliche Verfassung wurde immer schlechter, ich wog nur noch 45 Kilogramm und war nervlich am Ende.
Nachdem mein Mann volltrunken einen Autounfall gebaut hatte, floh ich mit Oliver aus der Wohnung. Einmal ließ ich mich nochmals zur Rückkehr überreden, doch drei Monate später gab es dann wegen eines schweren Alkoholrückfalls endgültig keine Hoffnung mehr für unsere Familie.
Heute frage ich mich, wie wohl alles gekommen wäre, wenn wir uns damals schon unter den Schutz des Höchsten gestellt hätten? Doch bis mein Leben Sinn im Glauben fand, flossen noch viele Tränen.

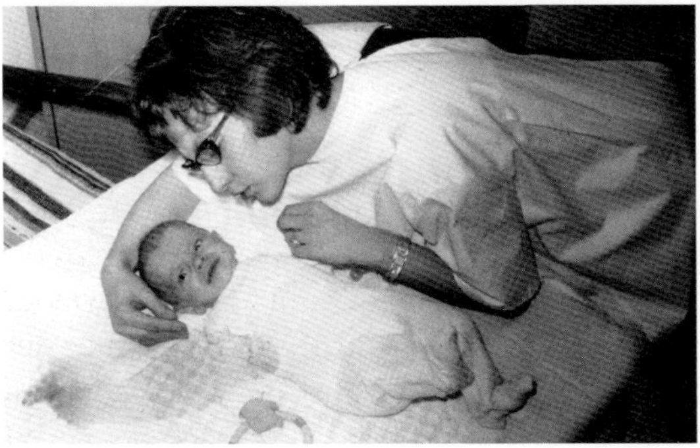

Schmerzlicher Abschied von Bernd

Es war nicht alles schlecht. Ich erinnere mich an viele schöne Stunden. „In jedem neuen Anfang liegt ein Zauber inne", wie es Hermann Hesse in einem Gedicht so treffend formulierte. Schulisch und beruflich konnte ich als „Spätzünderin" das meiste nachholen, das ich wegen der frühen Heirat versäumt hatte. Ich drückte zusammen mit Jugendlichen nochmals die Schulbank. Damit brachte ich viel Schwung in meinen neuen Start.

Freundschaften, die bis heute bestehen, bereicherten mein Leben genau so wie interessante Arbeitsplätze und das große Glück, mit meinem kleinen Bub die vier Jahreszeiten zu genießen.

Mit der Zeit rückten meine Eltern wieder versöhnlich näher und viele kleine und große Glücksfälle führten in eine neue Zeit. Sogar ein eigenes Auto – eine blaue „Ente" – kaufte ich auf Pump. Oliver und ich genossen die neue Freiheit und wir eroberten auf vier Rädern die nähere und weitere Umgebung. Weil wir immer ziemlich knapp bei Kasse waren, füllten wir mit „Mundraub" in Wald und Flur unsere Vorratskammer auf.

Es kann einem Menschen ungeheures Selbstvertrauen geben, Jahre wie diese nicht nur überlebt zu haben, sondern auch gestärkt daraus hervorgegangen zu sein.

„Es braucht lange, um jung zu werden.“

Pablo Picasso

Den Namen von diesem Hengst aus der Camarque weiß ich nicht mehr

Ganz nah am Abgrund

Doch es folgten weitere chaotische Jahre. Der Versuch einer neuen Partnerschaft mit einem herzensguten Mann, der sich um Oliver wie ein leiblicher Vater kümmerte, scheiterte nach kurzer Zeit. Bei meiner Suche nach Nähe und Liebe verletzte ich ungewollt andere Menschen. Ich gab durch mein unruhiges Wesen vieles weiter, was mich von Kindheit an seelisch verletzt hatte. Zu einer gesunden Beziehung schien ich nicht mehr fähig zu sein.

Damals hatten die Schutzengel viel Arbeit mit Oliver und mir, um uns vor dem Absturz zu bewahren. Es war auch eine politisch aufregende Zeit. Die 68er Jahre und ihre Protestbewegungen zogen mich kurzfristig in ihren Bann. Viele Nächte diskutierte ich kettenrauchend mit „Genossen", wir suchten vergeblich nach dem Sinn des Lebens. Aber unsere Absichten waren edel: Wir wollten die Welt verbessern. Wie und mit welchen Mitteln, wussten wir freilich nicht.

Zurückblickend kann ich nur sagen, dass ich in diesem „finsteren Tal" mehr Glück als Verstand hatte. Diese Zeit war eine jener Gabelungen des Lebensweges, an der man bewusst oder unbewusst die Wahl hat zwischen einem richtigen und einem falschen Weg. Wahrscheinlich ging ich unbewusst den richtigen.

Eine Lüge als Glücksbringer

In Aalen fiel mir zu jener Zeit bei kulturellen Veranstaltungen immer wieder ein schöner junger Mann auf. Ich hatte gleich beide Augen auf ihn geworfen, doch er schien mich nicht zu bemerken. Bis wir eines Tages beide völlig überraschend zur Geburtstagsfeier eines Freundes eingeladen waren.

Jeder Gast brachte fürs Büffet etwas zum Essen mit. Blitzschnell registrierte ich, dass er eine große Schüssel Obstsalat zu den anderen Köstlichkeiten stellte. Als die Party zu Ende ging, hatten wir allerdings noch keine drei Worte gewechselt.

Er war ein ganz Ruhiger, ganz im Gegensatz zu mir. Als der Gastgeber in die Runde fragte, wer von den übrig gebliebenen Speisen etwas mitnehmen wollte, schnappte ich mir sofort den Obstsalat. Das Obst war mir dabei herzlich egal – mir ging es vielmehr um den hübschen Kerl.

„Nein, ihr braucht nichts umzufüllen", rief ich, „ich bringe die Schüssel gespült zurück. Wem gehört sie eigentlich?!"

Diese kleine Schwindelei hat mich Siggi, meinem späteren Ehemann, näher gebracht. Allerdings musste ich bald darauf feststellen, dass er zwei schwerwiegende Fehler hat: Er war und ist neun Jahre jünger als ich und geboren wurde er im Sternzeichen des Krebses.

Gleich nach unserem ersten öffentlichen Ausgehen mischten sich Freunde und Bekannte in unsere Beziehung ein. Sie meinten es natürlich nur gut und wollten mein Bestes. Doch warum sollte ich ihnen mein Bestes geben, wo ich es gerade erst erobert hatte?

Damals versuchte ich mit allen Tricks, das Schicksal versöhnlich zu stimmen. Mangels anderer Möglichkeiten kaufte ich mir ein Buch über Sternzeichen. Zu meinem Ent-

setzen stellte ich fest, dass die Sternzeichen Krebs und Waage überhaupt nicht zusammenpassen. Sicherheitshalber erstand ich mir noch ein teureres, gebundenes Buch. Die inhaltliche Aussage zu Krebs und Waage blieb die gleiche. Wenn ich heute daran denke, muss ich lachen. Von welchen „Horror-Skopen" ich mein Glück damals abhängig machte!
Inzwischen sind wir seit 1975 zusammen und 1986 haben wir mit dem Segen der Kirche geheiratet.
Ich habe schon oft gesagt: wenn das noch 50 Jahre gut geht, beschwere ich mich bei den Herausgebern der Sternzeichenbücher, was sie denn für einen Blödsinn verbreiten.

Mut zum Scheitern

Nach einer gewissen Zeit wollte mich Siggi seinen Eltern vorstellen. Ich scheute weder Kosten noch Mühen, um mit allen möglichen Tricks die neun Jahre Altersunterschied zu kaschieren. Meine Friseurin riet mir zu Dauerwellen, weil meine Haare mehr Volumen bräuchten. Nach der langwierigen, chemischen Prozedur sah ich aus wie meine eigene Großmutter. Also ließ ich die Lockenpracht aufwändig wieder entfernen.

Mit meiner Kleiderwahl war ich dagegen höchst zufrieden – schwarze hohe Stiefel, ein enger Rock und eine flotte Bluse. Im Gegensatz zu meiner sonstigen Eigenschaft, lieber früher als zu spät irgendwo ankommen, ließ ich mir an diesem besonderen Tag Zeit. Wer später kommt, erfährt hohe Aufmerksamkeit, stand schließlich in einem Partnerschaftsratgeber.

Alle waren schon da und ich stolzierte in das mit Parkett ausgelegte große Wohnzimmer. Keine drei Schritte ging das gut, dann rutschte ich auf meinen nagelneuen Stiefelchen aus. Ich lag meinen neuen Schwiegereltern regelrecht zu Füßen.

„Oh, tut Dir was weh?“, riefen sie erschrocken. Ich antwortete mit einem tapferen „Nein, überhaupt nicht!“

Ob ich damit meine verloren geglaubte Ehre gerettet habe, weiß ich nicht mehr. Und ob Siggis Eltern den Altersunterschied bemerkt haben, erfuhr ich an jenem Tag auch nicht. Erst Jahre später haben wir darüber geredet. Sie haben sich nie in die Angelegenheiten ihrer erwachsenen Kinder eingemischt.

Siggi ist im Laufe der Zeit ziemlich „aufgetaut“ und ich wurde ruhiger. So wachsen wir aneinander und ergänzen uns. Wir lachen gerne und viel, was bei Frauen und Män-

nern nicht unbedingt immer der Fall ist, weil sie angeblich ein unterschiedliches Humorverständnis haben.
Die folgende Weisheit von Albert Einstein passt zu uns jedenfalls wie der Deckel auf den Topf:

„Gott hat niemandem alles, aber jedem etwas gegeben, damit wir erfahren, dass wir einander brauchen."

Mit der besten Schwiegermutter – Hedwig Feil

„Nicht stehen bleiben, sondern immer noch frischer und beweglicher werden, noch spontaner und offener, noch übermütiger, kreativer und begeisterungsfähiger.“

Dimitri

Morgendank

Bei unserem Morgengebet äußern Siggi und ich den Wunsch für eine gute Sterbestunde. Ich füge allerdings immer noch an, dass es möglichst eine gemeinsame sein soll. Das hat ein ziemlich berechnendes Motiv. Keiner von uns möchte alleine das Haus und die vielen »Freunde«-Sammelsurien aus mehreren Jahrzehnten ausräumen.

Da fällt mir eine Geschichte ein: Kaum im Himmel angekommen, empfängt Petrus ein Ehepaar überschwänglich herzlich. Er führt sie durch die heiligen Hallen und zeigt ihnen Luxus pur. Der Mann kann zwischen zwei Autos der Extraklasse wählen und wenn es ihm schwer fällt, auch beide Wagen behalten. Die Frau darf sich in einem Konsumtempel mit einer riesigen Schuhabteilung nach Herzenslust mit allem bedienen, was sie schon lange einkaufen wollte. Bei der angebotenen Vollpension dürfen sie aus den leckersten Speisen und Getränken auswählen.

Als sie alles ausgiebig besichtigt hatten, fragt Petrus, ob sie noch einen Wunsch hätten. Alles würden sie im Himmel erfüllt bekommen. „Ja, ich habe eine Frage", antwortet der Mann. „Sag' mir, lieber Petrus, hätten wir das alles auch schon vor zehn Jahren so schön haben können?"

Petrus antwortet „Natürlich! Jederzeit. Wir verwöhnen immer schon unsere braven Leute himmlisch gut." Da wird der Mann stinksauer und schreit seine Ehefrau an: „Siehst Du, was Du angerichtet hast? Du immer mit Deinen blöden Knoblauchkapseln."

Mich beschleicht bei diesem Witz jedes Mal ein schlechtes Gewissen. Ich versuche auch immer, Siggi von gesunder Ernährung zu überzeugen.

Eine Katze mit göttlichem Auftrag?

„Tiere begegnen uns manchmal mit göttlichem Auftrag", sagte unser Freund und Wegbegleiter Pater Beda (1914 – 2009) vom Benediktinerkloster Neresheim einmal. Ich hatte ihn gefragt, wie ich es einordnen solle, was uns mit einer Siamkatze passiert war.
Zwischen 1977 und 1987 waren Siggi und ich mit unserem Verkaufswagen auf Märkten und Messen unterwegs und verkauften Schmuck und Lederwaren, die wir anfangs noch komplett selbst hergestellt hatten. Wir waren aus unseren Berufen als Fotograf und Sekretärin ausgestiegen und hatten als Marktleute unsere Form von Freiheit gefunden.
Eines Tages waren wir auf der Ipfmesse im nahen Bopfingen. Da ich zu jener Zeit bereits schwer krank war, hätte ich eigentlich zuhause bleiben können. Doch weil ich unbedingt mit wollte, baute mir Siggi unter dem Verkaufstisch eine bequeme Liege. Als ich so dalag und zuhörte, was oben am Verkaufstisch los war, kuschelte plötzlich eine bildschöne, braun-beige Siamkatze zu mir auf die Decke. Wir hatten keine Ahnung, woher sie gekommen war. Doch als wir die Messebesucher befragten, stellte sich schnell heraus, dass ein junges Paar mit der Katze über den Platz ging. Sie boten sie teuer zum Verkauf an. Immer wieder entfloh jedoch die Mieze diesen dubiosen Gestalten, die sie vermutlich irgendwo gestohlen hatten.
Sie kam wieder zu mir auf meine Liege. Kurzentschlossen gaben wir den Leuten 100 Mark und die Katze gehörte nun offiziell uns. Sie wich trotz des Markttrubels nicht mehr von meiner Seite.
Zuhause gab es natürlich lautstarken Ärger mit unserem kleinen Hund Wuffti. Er hatte schon schlechte Erfahrungen mit Katzen gemacht und betrachtete sie als natürliche Fein-

de. Außerdem war er auf Mieze nicht nur sauer, sondern auch eifersüchtig. Also fasste der Familienrat, bestehend aus Siggi, unserem Sohn Oliver, Hund Wuffti und mir noch in der Nacht einen spontanen Entschluss, der sogleich umgesetzt wurde. Da ich krankheitshalber sowieso viel Ruhe benötigte, zog ich mit der Katze in unser Gästezimmer im oberen Stock. Siggi blieb mit Sohn und Hund in der Wohnung.

In den folgenden Wochen gewöhnten wir die beiden Tiere mit viel Geduld und den Ratschlägen eines echten Dompteurs aneinander. Er hatte uns verraten, dass das gefährlichere, also das ängstlichere Tier, in diesem Fall die Siamkatze, immer erhöht zu sitzen habe. Daher blieb ich mit der Katze auch weiterhin oben – in meinem inzwischen hübsch eingerichteten Zimmer.

Ende August besuchte uns überraschend der Herr Pfarrer. Er war von der Diözese beauftragt worden, bei uns nach dem Rechten zu sehen. Wir würden angeblich in wilder Ehe zusammenleben, dabei hätten wir die Wiederaufnahme in die katholische Kirche beantragt. Ich war mit 23 aus der Kirche ausgetreten, weil ich, sagen wir, etwas zu hohe Ansprüche an Gottes Bodenpersonal gestellt hatte.

Ich bat den Pfarrer zu mir in mein Wohn-Schlaf-Arbeitszimmer im ersten Stock. Dann schilderte ich den Vorfall mit der Siamkatze und dass ich deshalb seit Juli die wild-eheliche Wohnung verlassen hätte. Siggi und ich wären sozusagen getrennt von Tisch und Bett. „Ja, wenn das so ist, dann vertraue ich Ihnen. Von mir aus steht der Rückkehr in den Schoß der Kirche nichts mehr im Wege“, sagte der Pfarrer. „Das nehme ich auf meine Kappe, egal was die Leute im Dorf reden“.

Im darauf folgenden Dezember erhielten wir von der Diözese die Nachricht, dass meine erste Ehe für nichtig erklärt

worden sei und ich wieder kirchlich heiraten dürfe.
Das Unbegreifliche ist zwei Tage nach unserer Hochzeit passiert. Mieze ist ohne vorhersehbare Anzeichen einer Erkrankung verstorben. Wir fanden sie friedlich ruhend unter meinem Schreibtisch.
Was unser guter Freund Pater Beda dazu sagte? Der liebe Gott beziehe manchmal eben auch Tiere in seinen Heilsplan mit ein.

Im Schreibasyl ...

Hier im Kurbad liegt die ansprechende Lektüre „Der Josefsbote" aus. Die St. Josefskongregation gehört zum großen Dominikus-Ringeisen-Werk, das sich seit 125 Jahren um die würdige Integration von Menschen mit Behinderungen annimmt.
Im Bericht über die Redaktionsverabschiedung von Pfarrer Karl Heidingsfelder lese ich mit Zustimmung und Interesse Worte, mit denen er sich an die Leser gewandt hat: „... Zum Selbst-Sein als Lebenskunst gehören deshalb: Nicht immer nur denken, wie ich möglichst lange gesund und fit bleibe, sondern auch Krankheit und Sterben bewusst ins Leben mit einbeziehen, im Heute leben, den jeweiligen Augenblick als Geschenk auskosten ...

* *Fleißig leben*
* *Vertrauensvoll leben*
* *Dankbar leben*
* *Wesentlich leben*

Ein Leben ohne Liebe ist ein verfehltes Leben. Selbst sein – Ich selbst werden – heißt demnach immer mehr ein Liebender zu werden."

Gibt es ein Leben nach der Geburt?

Ein ungeborenes Zwillingspärchen unterhält sich im Bauch seiner Mutter.
„Sag mal, glaubst du eigentlich an ein Leben nach der Geburt?" fragt der eine Zwilling.
„Ja auf jeden Fall! Hier drinnen wachsen wir und werden stark für das was draußen kommen wird," antwortet der andere Zwilling. „Ich glaube, das ist Blödsinn!" sagt der erste. „Es kann kein Leben nach der Geburt geben – wie sollte das denn bitteschön aussehen?" „So ganz genau weiß ich das auch nicht. Aber es wird sicher viel heller als hier sein. Und vielleicht werden wir herumlaufen und mit dem Mund essen?"
„So einen Unsinn habe ich ja noch nie gehört! Mit dem Mund essen, was für eine verrückte Idee. Es gibt doch die Nabelschnur, die uns ernährt. Und wie willst du herumlaufen? Dafür ist die Nabelschnur viel zu kurz."
„Doch, es geht ganz bestimmt Es wird eben alles nur ein bisschen anders."
„Du spinnst! Es ist noch nie einer zurückgekommen von ‚nach der Geburt'. Mit der Geburt ist das Leben zu Ende. Punktum."
„Ich gebe ja zu, dass keiner weiß, wie das Leben nach der Geburt aussehen wird. Aber

ich weiß, dass wir dann unsere Mutter sehen werden und sie wird für uns sorgen.“
„Mutter??? Du glaubst doch wohl nicht an eine Mutter? Wo ist sie denn bitte?“
„Na hier – überall um uns herum. Wir sind und leben in ihr und durch sie. Ohne sie könnten wir gar nicht sein!“ „Quatsch! Von einer Mutter habe ich noch nie etwas bemerkt, also gibt es sie auch nicht.“
„Doch, manchmal, wenn wir ganz still sind, kannst du sie singen hören. Oder spüren, wenn sie unsere Welt streichelt ...“.

Diese wunderbare, beispielhafte Geschichte habe ich dem Jahresprogramm des Förderkreises für Ganzheitsmedizin Bad Herrenalb e. V. entnommen. www.foerder-kreis.de

„Klein Inge“ mit Eltern

„Tu was Du kannst. Und bete um das, was Du nicht kannst!"

Hl. Augustinus

Manche wissen immer alles ganz genau

Ich bin keine Psychiaterin, ich bin „Lebenskünstlerin in Ausbildung". Mit Menschen, die immer alles bis aufs letzte i-Tüpfelchen zu wissen vorgeben, bin ich nicht gerne zusammen. Deshalb bin ich in meinen Aufzeichnungen auch sparsam mit Ratschlägen.

Wenn wir jedoch immerzu klagen und uns über die Schwere des Lebens ärgern, wird es nicht leichter. Die Sprache bringt es auf den Punkt: Ich ärgere mich.

Dr. Eckart von Hirschhausen empfiehlt Ärger zu strukturieren: „Jetzt ärgere ich mich eine halbe Stunde. Dann ist aber Schluss. Ich habe schließlich noch was Besseres vor." Ich selber bin im Strukturieren von Ärger noch am Üben. Doch mancher Ärger ist einfach lebenswichtig!

Es kann schon erleichtern, wenn wir uns mit jemandem austauschen, anstatt den Ärger zu verdrängen. Das funktioniert natürlich nicht auf jedem Marktplatz. Für schwierige Situationen eignen sich Freunde oder, je nach Schwierigkeitsgrad, auch ein Spezialist wie etwa ein Supervisor oder ein Priester zum reflektierenden Gespräch.

Starke Gefühle, Wut zum Beispiel, überfallen mich manchmal hinterrücks, meistens dann, wenn ich sie längere Zeit einfach „geschluckt" hatte.

Ich gerate schnell in Rage, wenn ich mit meiner Meinung, dass alle Menschen sich in eine Gemeinschaft aktiv einbringen können, auf Ablehnung oder Unverständnis stoße.

Wenn ich Gutes über andere und über mich erzählt habe, musste ich es noch nie bereuen. Doch wenn mir, wie man im Schwäbischen sagt, „der Gaul durchging", hätte ich so manches Wort am liebsten wieder rückgängig gemacht. Wie gut, dass meine Bitten um Verzeihung fast immer angenommen wurden ...

Vom Zuhören

Wir hörten von einem Mann, der Vorträge über die schlimmen Auswirkungen von Alkoholmissbrauch hielt. Dazu nimmt er gerne, weil er Angler ist, eine Dose mit Würmern mit. Und eine Flasche reinen Alkohol.
Während seiner Ausführungen füllt er ein Glas mit Alkohol. Dann öffnet er in aller Ruhe die Dose und nimmt mit der Pinzette einen Wurm heraus. Man kann den hilflosen Wurm noch zappeln sehen, dann fällt er in das Glas. Der kleine Kerl hat keine Überlebenschance! Noch ein letztes Zucken, dann ist sein kurzes Leben vorbei.
Jetzt kommt der Höhepunkt für den Referenten. Er fragt die Zuhörer, was er mit diesem drastischen Beispiel beweisen will.
Neulich erzählte er uns, dass er verzweifelt sei, weil sich jedes Mal ein ganz Schlauer meldet und selbstsicher ruft „Ist doch ganz klar – Alkohol ist gut gegen Würmer!"
So kann man sich natürlich auch ums Nachdenken drücken.
Auf einer Vortragsreise übernachtete ich in einem kleinen Gasthaus. Beim Frühstück hörte ich, wie sich der Wirt freundlich mit einer älteren Frau unterhielt. Er fragte, wie es ihr denn so geht. Er hätte sie vermisst. Sie antwortete: „Ach, wissen Sie, mir geht es gar nicht gut. Ich bin gesundheitlich am Boden, seit mein Mann im vergangenen Frühjahr verstorben ist. Aber lassen wir das. Ich will mich hier etwas erholen. Sagen Sie mir lieber, wie es Ihnen geht."
Der Wirt antwortete im Weitergehen: „Danke, auch gut!"

„Wer Mut und Vertrauen hat,
wird im Unglück nicht untergehen.“

Anne Frank

Nur einen Tag leben

Die Behauptung „Es gibt nur einen angeborenen Irrtum, und das ist der, dass wir da sind, um glücklich zu sein" wird Arthur Schopenhauer zugeschrieben. Doch wer hat in die Welt gesetzt, dass wir auf dieser Erde sind, um unglücklich zu sein?

Unglücklich zu werden ist ganz einfach. Man muss sich nur mit anderen vergleichen, denen es angeblich besser geht. Es findet sich immer jemand, der schlanker, schöner, reicher und erfolgreicher ist, ein größeres Auto, ein komfortableres Haus und einen größeren Swimmingpool besitzt. Die Auflistung ließe sich beliebig fortsetzen. Ob sie aber zur Feststellung von Glück taugt?

Als ich 1982 körperlich so schwach wurde, dass ich zeitweise nur kurze Strecken gehen konnte, verglich ich mich dauernd mit fitten Frauen meines Alters. Dabei wurde ich prompt noch unglücklicher.

An seltenen Tagen verglich ich mich auch mit einem Freund, der wegen der gleichen Erkrankung bereits im Rollstuhl saß. Darüber verlor ich gleichfalls alle Freude. Die Angst vor dem gleichen Schicksal lähmte mich total. Dabei ist das Vergleichen völlig sinnlos. In Anlehnung an einen Indianerspruch sollten wir einfach eine Woche lang in den Schuhen dessen gehen, von dem wir annehmen, dass es ihm viel besser geht als uns.

Dazu gibt es eine beispielhafte Geschichte von einem gläubigen Mann, der lieber ein anderes Kreuz tragen wollte. Er fand seines viel zu schwer. Deshalb wollte er sich nach einem leichteren umschauen. Von höchster Stelle holte er sich die Erlaubnis, sich nach einem anderen umzusehen. So probierte er dieses und jenes. Doch bei allen gab es was zu kritisieren. Nur beim letzten Kreuz, das er ausprobierte,

fühlte er sich wohl. Es passte wie angegossen. Beim genauen Hinsehen bemerkte er, dass es wieder sein eigenes war.
Die Schauspielerin Iris Berben zeigte im Fernsehen vor Jahren einen Dokumentarfilm über das Land Israel und die schrecklichen Auswirkungen der kriegerischen Auseinandersetzungen. Sie stellte auch einen Mann namens Nri Kaspi vor. Diesem bildschönen jungen Mann waren durch eine Explosion Arme und Beine abgerissen worden. Doch er schaute nicht traurig und geknickt in die Kamera, sondern strahlte übers ganze Gesicht.
Iris Berben fragte ihn, wie er es denn anstelle, trotz dieses schweren Schicksals so ein fröhlicher Mensch geblieben zu sein. Offen und ohne Verbitterung erzählte er, dass er schon bald nach der Abheilung der Wunden überlegt habe, wie er seinem Leben einen Sinn geben könnte. Da habe er eine Ausbildung als Telefonseelsorger begonnen. Nun helfe er Menschen mit Zuhören und guten Worten. Es sei nicht viel, was er tun könne, doch sei es ihm schon oft gelungen, Zuversicht und Freude zu vermitteln. Auch würden täglich Kriegsopfer bei ihm anrufen, denen es noch viel schlechter als ihm gehe.
Nicht viele, die ihn anrufen, wissen, dass der Mann mit der sanften beruhigenden Stimme weder Arme noch Beine hat.

Nichts ist endgültig

Eine gute Bekannte jammerte oft. Unterhaltungen mit ihr erforderten viel Nachsicht, weil sie auf alle Anregungen und Empfehlungen stets mit einem „Ja, aber ...“ konterte. Wir waren der festen Meinung, dass es ihr nur gut gehe, wenn es ihr schlecht ging.

Sie war in der Blüte ihrer Jahre, als sie schwere Depressionen mit Selbstmordgedanken bekam. Als die Diagnose Brustkrebs sie vollends aus dem Gleis warf, machten wir uns große Sorgen. Doch alles kam ganz anders: Nach einer intensiven Zeit der Verzweiflung veränderte sie sich total. Sie wurde aktiv, setzte sich für andere Menschen ein, das Nörgeln und Jammern gehörte der Vergangenheit an.

Heute leitet sie eine Selbsthilfegruppe und hört anderen Menschen geduldig zu, wenn sie jammern und klagen.

Vor Jahren schaute ich mir einen alten Film mit Jean Paul Belmondo an, in dem er einen lebensmüden Millionär spielt. Ständig versucht diese depressive Figur sich umzubringen. Familie und Personal sind vollauf damit beschäftigt, ihn vor Suizidversuchen zu retten.

Eines Tages tauchen Verbrecher auf, die ihm wegen seines vielen Geldes nach dem Leben trachten. Unter dem dauernden Druck dieser Bedrohung versucht Belmondo in dem Film alles, um sein Leben zu retten. Es nimmt ein gutes Ende: Er findet wieder zurück zu einem erfüllten Millionärsdasein.

Der schiefe Turm von Pisa

Wenn ich bei Vorträgen in die Runde frage, welcher der wohl berühmteste Turm in Europa sei, kommt sofort die Antwort: „Der schiefe Turm von Pisa!"
Wäre er nur ein ganz normaler gerader Turm, würden ihn längst nicht so viele Menschen kennen und bewundern.
Wir Menschen streben häufig das Perfekte an, dabei sind wir erst durch unsere Besonderheiten (im Schwäbischen heißt das „Mödele" – was übersetzt so viel wie besondere Form bedeutet) einmalig. Wenn wir jemanden beschreiben, nennen wir zuerst dessen Merkmale, die sich vom Durchschnitt abheben: „Die Frau mit der tiefen Stimme" oder „Der Mann mit dem Hinkebein".
Dabei sehen wir aber nur die oberflächlichen Besonderheiten. Wer einen Freund, eine Freundin sein eigen nennen darf, der lernt mit der Zeit auch die inneren, also die charakterlichen „Mödele" kennen. Und nur, wer diese auch lieben kann, ist ein guter Freund, eine gute Freundin.

„Die Friedhofsverwaltung der Stadt München bittet um telefonische Mitteilung, wenn Sie Angehörige von nachfolgenden genannten Verstorbenen kennen. Sachdienliche Hinweise unter Tel. ...“

Im halben Monat März waren dies neun Personen im Alter zwischen 46 und 98 Jahren.

Nach dem Lesen dieser Suchanzeige in der „Süddeutschen Zeitung“ stellte ich mir Fragen, auf die ich bestimmt keine Antworten bekommen werde. Wie haben diese Menschen wohl gelebt und wie sind sie gestorben? Ob sie jetzt vom Himmel aus beobachten, wie nach Angehörigen gesucht wird? Vielleicht amüsieren sie sich darüber.

Was hatten sie in ihrem Leben für Pläne, Hoffnungen und Hobbys? Ob sie viel gelacht oder mehr geweint haben? Was passiert jetzt mit all den Gegenständen, die sie im Laufe ihres Lebens ansammelten? Hatten sie Lieblingsbücher? Hat ihr Leben irgendwelche bleibenden Spuren hinterlassen – vielleicht sogar im Herzen ihrer Freunde und Bekannten?

Interessieren würde mich auch, warum diese Verstorbenen keinen Kontakt zu ihrer Familie hatten. Gab es keine mehr – oder trennte sie ein vermeintlich unversöhnlicher Streit?

Wie dem auch sei – ich bin sicher, dass wir uns alle mehr umeinander kümmern müssen: um Familienangehörige, um Nachbarn, Freunde und Bekannte. Und auch um Fremde. Es wird in den kommenden Jahren immer mehr einsame Menschen geben.

Kostbarkeiten

In der jetzt aussterbenden Generation ruht ein riesiger Schatz, den es durch Gespräche mit den Alten noch zu „heben" gilt, bevor es zu spät ist.
Die Nachkriegsgeneration, zu der ich zähle, weiß nur wenig von den Kriegszeiten. Bei den »Freunden« veranstalten wir aus diesem Grund „Erzählcafés" und staunen oft fassungslos, was wir da zu hören bekommen.
Die meisten von uns sind heute verweichlicht und wissen nicht, wie gut es uns in den vergangenen 60 Jahren ging. Interessant finde ich, welch hohen Wert Freundschaft in jenen Zeiten hatte und dass doch auch viel gelacht wurde.
Eines meiner Lieblingsbücher ist „Ich musste immer lachen" von Kabarettist Dieter Hildebrandt. Er erzählt dem Schriftsteller Bernd Schroeder und uns als Lesern seine Lebensgeschichte. Am meisten betroffen machte mich seine Erzählung, wie er als 16-Jähriger in den Krieg ziehen musste und welche Auswirkungen die Erlebnisse auf sein weiteres Leben hatten: „Hier wurden wir körperlich und geistig auseinandergenommen. Ich hatte einen persönlichen „Freund", das war mein Ausbilder, ein Jahr älter als ich, aber ich glaube, doppelt so dumm, er schaute einen an, und man dachte: Sage nichts, es ist Scheiße, was du sagst. Er sagte zu mir, als ich einmal den Mund verzog, „lachen Sie nicht, Sie dummes Volk, Sie". Da habe ich gedacht, aha, du hast es hier mit einem Geistesriesen zu tun, und der wird dich hier zwei Monate durch den Schlamm ziehen. Ich hatte ihn mir zum Feind gemacht, weil ich immer lachte, ich musste immer lachen, wenn jemand mich anschrie: „Rechts um!" Ich musste lachen, wenn jemand sagte: „Still gestanden!" Ich hatte einen Hass auf jeden Befehl. Ich dachte, welcher Blödian schreit mich an und verlangt, dass

ich etwas mache, was ich nicht will. Das hatte nichts mit Pazifismus zu tun. Ich hasste das Militär, weil es sich so ausdrückte, weil einer, der nur ein Jahr älter war als ich, aber halb so klug, mir sagen konnte, was ich zu tun habe. Ich habe das als Ungerechtigkeit nicht verkraftet. Einmal hat mich der Ausbilder nachts um halb zwei aus dem Schlaf gerüttelt und hat mich mit dem Maschinengewehr auf dem Rücken und kompletter Feldmarschausrüstung zwei Stunden lang durch den Schnee gejagt, der eineinhalb Meter hoch lag. Das war im Winter 1944, ich war danach total erschöpft. Dass ich nicht zu Tode gekommen bin, war meiner Kondition zu verdanken, die ich vom vielen Radfahren hatte. Aber ich bin mit 39 Grad Fieber ins Lazarett gekommen, wo lauter Leute waren, die sich gedrückt haben."

Doch heute kommen andere Anforderungen auf uns zu, für die sich vor allem die Politik und jeder einzelne von uns wappnen sollte. Der Sozialstaat wird die hohen Anforderungen an menschenwürdige Betreuung für alte und behinderte Mitmenschen womöglich nicht mehr lange bezuschussen können. Die große Chance für uns alle liegt daher nur in wachsender Mitmenschlichkeit, Nächstenliebe und Wachsamkeit.

Wer heute eine Familie hat, in der man sich in allen Lebenslagen aufeinander verlassen kann, darf sich reich und glücklich schätzen. Wer gute Freunde hat, sollte für diese Kostbarkeiten täglich danken. Freundschaft muss man pflegen, heißt es. Ich gestehe, dass mich oft das schlechte Gewissen plagt, weil mir das theoretisch bewusst ist. Und doch nehme ich mir stets bei der Fülle meiner Aufgaben viel zu wenig Zeit für Freunde und Verwandte.

Siggi und ich kennen unsere privaten Freunde schon Jahr-

zehnte lang. Sie haben auch in schwierigsten Zeiten zu uns gestanden. Ich fühlte mich von ihnen stets so akzeptiert, wie ich war.
Nach der Lektüre dieser Erzählungen aus meinem Leben wirst Du Dir denken können, dass ich keine pflegeleichte Person bin. Wer mich mag, muss schon etliche Eigenheiten in Kauf nehmen, doch mit unseren Freunden verbindet uns in all den Jahren ein unsichtbares Band, das auch über längere Pausen hinweg bestehen bleibt. Alle tragen unser soziales und kulturelles Engagement mit.
Wenn wir jedoch miteinander telefonieren oder uns treffen, ist sofort die gewohnte Vertrautheit da. Bei echten Freunden fühlt man sich eben immer „daheim“ und ist selber auch ein Stück Heimat.

Kabarett mit Dieter Hildebrandt gehört zu unseren Lieblingsveranstaltungen in der ARCHE, weil es vorher, nachher und während des Programms immer interessante Impulse und etliches zu lachen gibt.

„Im Garten der Zeit wächst die Blume des Trostes."

Russisches Sprichwort

Beispielhafte Affen

In der Pubertät, als die Streitigkeiten mit meinen Eltern häufig eskalierten, schrie ich sie einmal provozierend an: „Warum habt Ihr mich denn nicht abgetrieben, wenn ich Euch nur nerve?"

Kleine Kinder brauchen zum Überleben liebevolle Fürsorge. Dazu gehören nicht nur Nahrung und Hygiene. Viel wichtiger ist die körperliche Zuwendung, das Streicheln und Liebkosen.

Wenn wir heute hin und wieder in den Zoo gehen, verweile ich am liebsten bei den Affen. Diese Affenliebe teilen die meisten Besucher mit mir. Mütter, Väter, Omas und Opas mit kleinen und größeren Kindern schauen dem munteren Treiben in der großen Außenanlage zu.

Dann bekomme ich mit, wie manche Erwachsenen mit ihren Kindern im Befehlston reden, hart und unhöflich. Am liebsten möchte ich mich dann einmischen und raten, von den Affen abzuschauen, was Zuneigung ist. Unsere angeblich primitiven Artverwandten tragen ihre Kinder monatelang eng bei sich. Und sie zeigen ihre soziale Verbundenheit und Liebe durch gegenseitiges Lausen. Natürlich werden den Affenkindern auch ganz klare Grenzen aufgezeigt, die sie fürs weitere Leben prägen.

So gerne möchte ich wissen, ob für meine Eltern das erste Lächeln von mir ein so unbeschreibliches Glücksgefühl war, wie es allgemein dargestellt wird.

Dieses Bedürfnis nach Zuneigung, nach Anerkennung und Angenommensein, nach Gebrauchtwerden und nach bedingungsloser Liebe durchzieht wie ein roter Faden unser ganzes Leben. Wir unternehmen vieles, um dieses Grundbedürfnis zu stillen. Verdrängen geht auf Dauer nicht!

In der Lebensmitte war mir nicht bewusst, dass ich andere

„Krücken“ wählte, um Befriedigung zu spüren. Im Alter von 14 Jahren rauchte ich meine erste Zigarette und wurde bald schon süchtig. Der Hauptgrund für dieses Laster, von dem ich erst 30 Jahre später mit quälenden Entzugserscheinungen los kam, war ein ganz anderer als das Nikotin. Zu dieser Zeit war bei den meisten Jugendlichen das Rauchen einfach Mode. Man fühlte sich gleich eine ganze Nummer erwachsener.

Aus heutiger Sicht finde ich das absurd. Die ersten Zigaretten schmeckten scheußlich und schwindlig wurde mir auch. Das sollte „erwachsen“ sein? Aber auf den Plakaten der Zigarettenwerbung saß eine Clique fröhlicher junger Leute um ein Lagerfeuer und amüsierte sich. Solch eine Gemeinschaft weckte meine ganze Sehnsucht.

Ich durfte damals keine Klassenkameraden besuchen und schon gar nicht mit nach Hause bringen. So begann ich mich heimlich mit meinen Klassenkameraden auf öffentlichen WCs zu treffen. Miteinander gaben wir uns dem Genuss des blauen Dunstes hin. Später saugte ich aus der lässigen Haltung mit der Zigarette viel Selbstvertrauen. Mit schwarzen Lederklamotten und einer Kippe im Mundwinkel gab ich die Coole. Ob man mir trotzdem meine innere Schwäche, Einsamkeit und Unsicherheit angemerkt hat, weiß ich nicht.

Mark Twain hinterließ allen Rauchern seine Erfahrungen mit der Rauchentwöhnung: „Es ist ganz einfach, mit dem Rauchen aufzuhören. Ich habe es schon zehnmal geschafft.“

Der Wunsch, mit diesem Laster aufzuhören, war bei mir schon lange da, doch weil ich keine „Ersatzbefriedigung“ fand, erging es mir bei verschiedenen Versuchen wie Mark Twain.

Als besonders unangenehm empfand ich, dass die Presse

immer häufiger über die schädlichen Auswirkungen des Rauchens informierte. Doch ein Wundermittel konnte sie nicht anbieten. Beinahe hätte ich deshalb was ganz anderes aufgegeben: Das Zeitung lesen.
Bevor ich mit dem Rauchen endgültig aufhören konnte, lernte ich den kleinen Andreas kennen. Er besuchte mich mit seiner Mutter, dabei schaute er mich unentwegt an. Plötzlich sagte er schnippisch: „Dich kenne ich. Du bist die Inge, die so viel qualmt. Das finde ich blöde, weil rauchen ungesund ist.“ Das saß!
Kurze Zeit später hatte ich bis spät in die Nacht im Büro zu tun. Siggi und ich wohnen in einem kleinen Ort, von dem aus bei klarer Sicht die Kühltürme des Kernkraftwerks Gundremmingen zu sehen sind. An jenem Abend gingen mir die Zigaretten aus und mit ihnen meine Konzentration. Daher bat ich Siggi, mir doch aus dem einzigen Automaten im Dorf welche zu holen. Er – damals selbst starker Raucher – erwiderte: „Wenn Du rauchen willst, kannst Du sie Dir auch selber holen!“
Trotz meiner aufsteigenden Wut registrierte ich, wie mich mein süchtiges Verhalten zittrig machte. Zornig lief ich also um Mitternacht selber los.
Auf dem Heimweg musste ich plötzlich denken: „Da vertrauen mir wegen meiner angeblichen Gelassenheit so viele Menschen, dass ich für sie da bin – auch in großer Not. Aber stell Dir mal vor, Inge, wenn plötzlich ein Super-Gau im Atomkraftwerk ist und Du keine Zigaretten im Haus hast. Was machst Du dann? Dann drehst Du durch. Was für ein erbärmliches Armutszeugnis!“
Nach diesem Selbstgespräch dachte meine gute Seite immer häufiger daran, das Rauchen aufzugeben. Allerdings argumentierte meine dunkle Seite vehement dagegen: „Quatsch, schau’ doch den alten Mann an, der im Haus

Deiner Eltern wohnt. Er ist fast neunzig und raucht noch immer. Geh' lieber in die Werbung und lass' Dir dafür Geld geben, dass Du sagst ‚Ich rauche gern!'"
Gesundheitlich ging es mir immer schlechter. Dann unternahmen wir etwas, das ich mir früher nie hatte vorstellen können. Wir besuchten den Wallfahrtsort Lourdes in Südfrankreich. Über Lourdes-Wallfahrer hatte ich immer gelästert und Witze erzählt. Etwa so: Ein Rollstuhlfahrer fährt voller Hoffnung ins geweihte Wasser. Als er herauskommt, kann er zwar nicht gehen, aber auf seinem Rollstuhl sind neue Reifen montiert.
Wenn man selber betroffen ist, ändert sich manche alte Einstellung überraschend schnell. Voller Hoffnung stieg ich also gemeinsam mit vielen alten und schwerbehinderten Pilgern in das Bad von Lourdes.
Als mir eine Studentin und eine Ordensschwester beim Entkleiden halfen, wurde mir ganz mulmig. Wie weit war ich heruntergekommen? Und als sie mich dann betend in das kalte Wasser eintauchten, dachte ich kurz und intensiv „Lieber Gott, ich wäre so gerne Nichtraucherin, aber ich will nicht aufhören müssen."
Als wir wieder daheim waren, fiel uns in der Tageszeitung eine Einladung zu einem Nichtraucherkurs auf. Beim meinem Anruf erhielt ich die Auskunft, dass bereits alle Plätze besetzt waren. Irgendwie fühlte ich mich erleichtert. Einige Tage später rief der Seminarleiter zurück und teilte mit, dass zwei Plätze frei geworden waren. Siggi und ich fassten uns ein Herz und nahmen an diesem verhaltenstherapeutischen Kurs „In zehn Wochen zum Nichtraucher" teil. Siggi war gleich zu Beginn entschlossen, dass er ganz aufhören wollte. Ich hielt mir eine Hintertüre offen und schrieb in meinen Motivationsbogen, dass ich lediglich lernen wolle, kontrolliert und weniger zu rauchen.

Nach acht Wochen war mir klar, dass es für Süchtige viel schwerer ist, das Suchtmittel einzuschränken, als ganz damit aufzuhören.
Gerade zum richtigen Zeitpunkt kam mir die Aussage einer Bekannten zu Hilfe. Sie sagte lästernd: „Und die Moral von der Geschicht': der Siggi hört's rauchen auf, die Inge nicht!"
Durch diese Provokation erwachte meine innere Kämpfernatur, auf die ich seit Kindertagen bauen konnte. Mit dieser Wut im Bauch rauchte ich „schon mit Fleiß" meine allerletzte Zigarette. („Mit Fleiß" ist schwäbisch und hat trotz unserer angeblichen Dauerschafferei nichts mit Arbeit zu tun. Es bedeutet: mit Absicht.)
Dass ich gerade an dem Tag mit dem Rauchen aufhörte, als die weithin bekannte österreichische Popgruppe „Erste Allgemeine Verunsicherung" für die »Freunde« ein Benefizkonzert veranstaltete, bezeichne ich noch heute als grandiose Leistung von mir. Frontmann und Sänger Klaus Eberhartinger und seine EAVler rauchten nämlich alle wie die Schornsteine. Ich kam mir an dem Konzertabend ziemlich uncool vor, als ich die angebotenen Zigaretten dankend ablehnte.

Der neue Start aus dem tiefen Loch

Ich fiel durch den Rauchentzug in ein tiefes, schwarzes Loch. Siggi meisterte seine Abstinenz von Anfang an mit Bravour.
Ich hingegen aalte mich in Selbstmitleid und war ständig schlecht gelaunt. Auf seine Frage, was ich denn gerne möchte, konnte ich nur stöhnen: „Rauchen“ – „Und wenn nicht, was dann?“ – „Sterben!“
Während dieser Entzugszeit ging natürlich auch der Aktionsalltag weiter und ich musste eine Versammlung bei einem anderen Verein leiten. Da lag auf dem Schreibtisch ein Prospekt, dessen Aufmachung meine Neugierde weckte. Da las ich zum ersten Mal etwas über die Hochgrat-Klinik in Wolfsried.
Dort wollte ich unbedingt eine Therapie machen.

Im Schreibasyl ...

Dass hier im Heilbad nicht nur Wellness genossen werden kann, sondern auch hochbetagte Patienten sind, erzählte ich schon. Es gibt einen hübschen Pavillon, in dem geraucht werden darf. Immer wieder sehe ich alte Herren drin sitzen und blauen Dunst verbreiten. Viele sind es nicht, die so lange durchgehalten haben.
Bei einem Besuch in einer Rehaklinik für Gefäßerkrankungen waren wir entsetzt über die vollen Aschenbecher vor dem Haus. Einbeinig standen Amputierte herum und rauchten munter weiter.
Man denkt immer, dass es einen selbst nicht treffen wird: die Krebserkrankung, das Raucherbein, die Trennung.
Wie erstaunlich, dass bei einem Lotto-Jackpot so viele denken, dass sie zu den Gewinnern gehören könnten.

„Was bedeutet unser ganzes Wissen? Wir wissen nicht einmal, wie morgen das Wetter wird."

Berthold Auerbach

Das eigentliche Wunder von Lourdes

Das erste Mal waren wir zusammen mit evangelischen Freunden an diesem Wallfahrtsort. Wir hatten in unserem Gepäck neben den bereits genannten Vorurteilen doch auch viel Neugierde.

Seitdem zog es uns immer zu dem kleinen Ort in den Pyrenäen, über den der jüdische Schriftsteller Franz Werfel während des Zweiten Weltkrieges das bemerkenswerte Buch „Das Lied der Bernadette“ geschrieben hat.

Einmal trafen wir kurz vor dem Einchecken am Münchner Flughafen einen Kommunalpolitiker aus Heidenheim. Er war mit seiner Familie auf der Reise in den Urlaub. Auf die Frage, wo es denn hingehe, war mir die ehrliche Antwort peinlich. Deshalb sagte ich einfach „Nach Südfrankreich – in die Pyrenäen“.

Unvergesslich bleibt mir eine Wallfahrt zusammen mit unserer schwerbehinderten Freundin Luise und ihrer über 80-jährigen Mutter Rosa. Behinderte Menschen werden in Lourdes wie an keinem anderen Ort der Welt umsorgt. Im Hotel angekommen, bemerkte ich, dass mich das Gehen ziemlich schmerzte. Vermutlich hatte ich aufgrund der Klimaveränderung einen Schwächeschub erlitten. Was also tun?

Im Hotel wollte ich während der abendlichen Lichterprozession auf gar keinen Fall bleiben. Also überwand ich meine Hemmungen und fragte an der Rezeption nach einem Rollstuhl. Jetzt brauchte ich noch jemanden, der bereit war, mich zu schieben.

Seither kann ich besser verstehen, dass sich Betroffene so lange wie möglich weigern, mit dem Rollstuhl an die Öffentlichkeit zu gehen. Obwohl es in Lourdes noch die einfachste Übung war, angesichts der Menge von körper-

behinderten Touristen und Wallfahrern.
Wer im Rollstuhl sitzen muss, ist automatisch unten – und muss bei Gesprächen nach oben blicken. Ich wurde das Gefühl nicht los, dass ich von oben herab behandelt wurde. Zudem fühlte ich mich völlig dem „Schieber“ ausgeliefert: „Halt, da ist was Hübsches im Schaufenster! Zu spät...“ Auch die Abgase der Autos zogen mir direkt in die Nase.
All das ist aber nichts im Vergleich zu den mitleidigen Blicken, die mich trafen. Erst, als ich mir klar machte, dass ein Rollstuhl nicht automatisch ein Eingeständnis für Behinderung ist, ging es mir besser: Der Mensch besteht aus mehr als nur zwei Beinen. Ein Rollstuhl ist nur ein Hilfsmittel, damit man mobil sein und mit den Fußgängern mithalten kann.
Seit damals lege ich meine Wegstrecken in aller Ruhe und mit verständnisvollen Menschen zurück. Allerdings bin ich auch so frei – wie bei einem »Freunde«-Ausflug in den Tierpark Hellabrunn – und setze mich lieber in den Rollstuhl, als dass ich stundenlang alleine in einem Café warte, bis die Fitten ihre Runde gedreht haben.
Siggi und ich begegneten in Lourdes einer jungen Frau, die mit verkümmerten Armen und Beinen zur Welt gekommen war. Sie war mit ihren Eltern auf Wallfahrt. „Nein, Heilung im engen Sinne kann es für mich als Contergan-Opfer nicht geben“, sagte sie. „Aber ich brauche das auch nicht, mir geht es gut. Wenn ich die vielen Menschen sehe, die aus aller Welt mit ihren Krankheiten, Leiden, Sorgen und Nöten und wirklich schwersten Behinderungen hierher kommen, dann bin ich zufrieden.“
Sie studierte Pädagogik und lebte relativ selbstständig irgendwo in Deutschland. Alle vorbeigehenden Pilger schauten sie verstohlen und neugierig an.
Dieses ständige Mitleid stelle ich mir am schwierigsten vor,

doch auf meine Frage, wie es ihr damit ergeht, sagte sie lachend: „Warum sollen die Leute nicht schauen. Ich sehe ja auch außergewöhnlich aus. Mir ist es lieber, sie reden mit mir und lassen das auch ihre Kinder tun. Schrecklich ist für mich, wenn sie die Kleinen, die ja von Natur aus neugierig sind, wegziehen mit einem strengen ‚Schau nicht hin!'"

Lourdes ist ein internationaler, weltoffener Ort, an dem das eigentliche Wunder darin besteht, dass sich so viele Menschen aus allen Nationen und mit den unterschiedlichsten Schicksalen tolerant und mit spürbarer Nächstenliebe begegnen. Ärzte, Krankenschwestern, Krankenbahren- und Rollstuhlschieber, Priester, Kerzenträger, Zugbegleiter, WC-Reiniger, Ordner, Straßenkehrer, Chorsänger, Musiker – alle diese Dienste werden ehrenamtlich von Gästen aus aller Welt ausgeführt.

Es sind nicht nur einfache Leute, die helfen. Über den Malteser-Orden kommen das ganze Jahr über auch Leute aus der so genannten Oberschicht. Für viele Adlige gehört es zur moralischen Pflicht, mindestens einmal in Lourdes bei den Kranken und Behinderten zu helfen. Manche kommen jedes Jahr und opfern ihren Urlaub. „Es ist kein Opfer, es gibt mir Kraft", sagte eine Ärztin, die mir in der Krankenstation einen kostenlosen Verband anlegte.

Am Ort der Vergebung gibt es die Gelegenheit, Gespräche in der jeweiligen Landessprache mit einem Priester zu führen. Als ich das erste Mal diese Gelegenheit nutzte, plagte ich mich mit einem Ärgernis herum, das ich unbedingt mit einem geistlichen Fachmann bereden wollte.

Im Heiligen Bezirk, so nennt sich der weitläufige Innenbereich, gibt es keine Konsumartikel zu kaufen. Doch in der Stadt selber reiht sich ein Souvenirgeschäft an das andere mit einer unüberschaubaren Fülle heiliger und

unheiliger Geschenkartikel. Also fragte ich, wie ich damit umgehen soll, wenn ich all den Kitsch und Ramsch verabscheue?
Ein junger Priester, der ganz in der Nähe von unserem Wohnort im Kreis Heidenheim beheimatet war, verstand es, mir dieses Phänomen plausibel zu erklären. Die Besucher möchten von ihrer Reise ihren Freunden, Bekannten und den Angehörigen ein typisches Geschenk mitbringen und sich selber auch was zur Erinnerung kaufen. Da viele Pilger sparsam haushalten müssen, bevorzugen sie Geschenke, die man mit der Wallfahrt verbindet, die preiswert sind und die man anfassen kann.
Der Priester gab mir als Buße auf den Weg, ich solle durch die Einkaufsviertel gehen und mir denken, dass es den Menschen Freude bereitet, wenn sie solche Andenken mit nach Hause nehmen können. Außerdem schaffen Herstellung und Verkauf jede Menge Arbeitsplätze.
Es war keine leichte Übung. Wieder einmal wurde mir bewusst, dass alles Ansichtssache ist – auch die Einstellung zu kitschigen Souvenirs.
Ich bin sicher, dass die meisten Besucher in Lourdes für andere beten. Das ist für mich das eigentliche Wunder von Lourdes.

Der strenge Duft des Löwen und andere Almosen

Wenn wir uns selber bei sozialen, körperlichen und seelischen Einschränkungen klein machen, dann müssen wir uns nicht wundern, wenn es andere Leute – auch Politiker – ebenfalls so handhaben.

Bei den »Freunden« erlebte ich schon, dass eine Frau aufgrund ihrer körperlichen Behinderung lieber auf die Teilnahme am Ausflug verzichtete, als einen Rollstuhl zu nutzen. Dabei findet sich bei den »Freunden« immer jemand, der gerne hilft. Bei finanzieller Not, wenn sie etwa Hartz-IV-Empfänger sind oder eine kleine Rente beziehen, kapseln sich die Betroffenen ebenfalls oft ab.

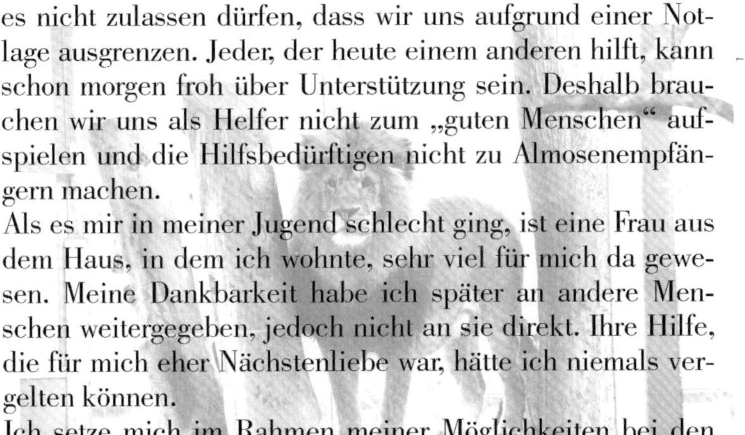

Ich kann dieses Verhalten zwar verstehen, doch appelliere ich an Hilfsbedürftige wie Helfer gleichermaßen, dass wir es nicht zulassen dürfen, dass wir uns aufgrund einer Notlage ausgrenzen. Jeder, der heute einem anderen hilft, kann schon morgen froh über Unterstützung sein. Deshalb brauchen wir uns als Helfer nicht zum „guten Menschen" aufspielen und die Hilfsbedürftigen nicht zu Almosenempfängern machen.

Als es mir in meiner Jugend schlecht ging, ist eine Frau aus dem Haus, in dem ich wohnte, sehr viel für mich da gewesen. Meine Dankbarkeit habe ich später an andere Menschen weitergegeben, jedoch nicht an sie direkt. Ihre Hilfe, die für mich eher Nächstenliebe war, hätte ich niemals vergelten können.

Ich setze mich im Rahmen meiner Möglichkeiten bei den »Freunden« dafür ein, dass sich Menschen aufgrund ihres Alters, Behinderungen und Schwächen nicht ausgegrenzt fühlen müssen.

Es ist gut, dass ich zwischendurch auch selber spüre, wie sich Abhängigkeit anfühlt, wenn ich etwa eine Mitfahrgele-

genheit für mich suche.
Was habe ich beim Mitgenommenwerden und erst recht beim Mitnehmen von Trampern schon für interessante Leute kennen gelernt! Das Tollste war ein Tierpfleger der Stuttgarter Wilhelma. Während der ganzen Fahrt löcherte ich ihn mit Fragen und er erzählte Hintergrundgeschichten aus seinem Berufsalltag. „Mein strenger Duft kommt übrigens von den Löwen“, ließ er uns wissen. „Wird Zeit, dass ich heimkomme zum Duschen.“

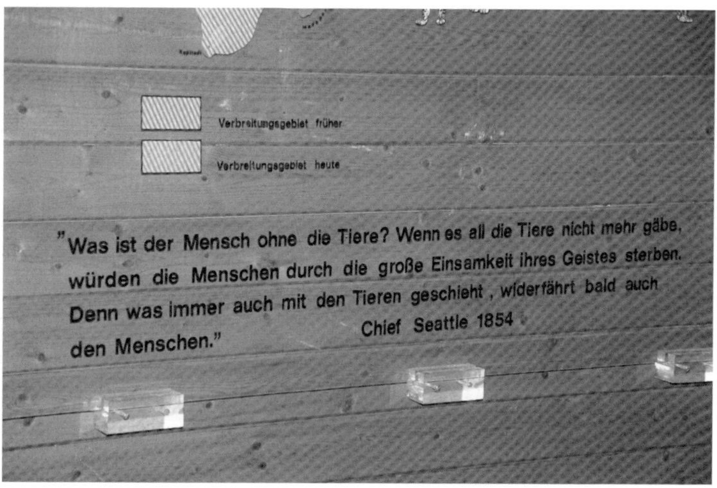

Nimm' Dir doch das Leben

Wenn wir etwas wirklich wollen und es niemandem schadet, dürfen wir uns ruhig ausdauernd und zäh dahinter klemmen. Dann ist vieles zu schaffen. Natürlich nur, wenn es auch einigermaßen realistisch ist. Davon bin ich felsenfest überzeugt.

Die Krankenkasse lehnte damals meinen ersten Antrag auf eine Rehabilitation in der Hochgrat-Klinik ab. Doch ich wusste, dass ich genau diese Therapie brauchte, um auf meine eigenen Beine zu kommen. Also ließ ich nicht locker, bis die Zusage für Herbst 1989 kam.

Für die Zeit meiner Therapie hatte ich mir fest vorgenommen, alle „Leichen“ im Keller meiner Seele auszuräumen. Gleich bei der Ankunft erlebte ich eine Überraschung. Auf der Fahrt hatte ich mit Siggi beschlossen, dass ich den sexuellen Missbrauch durch meinen Großvater ansprechen würde.

Sexueller Missbrauch löst ungerechterweise Schuld- und Schamgefühle beim Opfer aus. Doch mein erster Blick im Foyer fiel auf ein großes Plakat: „Gruppe sexueller Missbrauch – heute Abend 20 Uhr im Kaminzimmer.“

Ich konnte es nicht fassen. Es gab offenbar außer mir noch andere, die ein so belastendes Erlebnis mit sich herumtragen mussten.

Niemals hätte ich damals meinen Eltern etwas erzählen dürfen. Ich denke, sie hätten es mir nicht geglaubt. Gleich in den ersten Therapiestunden gestand ich dem Chefarzt, dass ich aus Scham und Verzweiflung seit meinem 14. Lebensjahr immer wieder mit dem Gedanken spielte, mir das Leben zu nehmen.

Er schaute mich an und sagte laut und deutlich, so dass es auch die anderen Patienten der therapeutischen Gemein-

schaft hören konnten: „Inge! Dann nimm Dir doch das Leben. Es steht Dir zur Verfügung – in Hülle und Fülle. Du musst es nur wollen."
Es dauerte eine ganze Weile, bis ich begriffen hatte, dass seine provozierende Aussage eine Einladung an mich war, das Leben endlich zu genießen. Und zwar immer wieder aufs Neue – jeden Tag für 24 Stunden. Also nur für Heute!
Eingebunden in diese Form der Therapie sind die Zwölf Schritte der Anonymen Alkoholiker, die für alle Lebensbereiche (für seelische Erkrankungen, Sex- und Spielsüchte, Ess- und Brechsucht) mit Textanpassungen verwendet werden können.
Ich lernte in diesen zwei Monaten viel Wertvolles für mein weiteres Leben. Dort wurde ich nicht behandelt, sondern lernte, selber zu handeln. Es gehörten auch anspruchsvolle Ausflüge in die Berge dazu, um das Selbstvertrauen zu stärken und dabei die helfende Gemeinschaft zu erleben.
Ich erinnere mich an ein Schlüsselerlebnis: Einmal stand ich auf der Teilnehmerliste für eine Bergtour. Mit Seil und Haken sollte der Hochgrat-Gipfel erklommen werden. Als ich meinen Namen auf der Liste entdeckte, reagierte ich verzweifelt. Allen erzählte ich von dieser Ungerechtigkeit. „Die wissen doch, dass ich MS habe und solche anstrengenden Touren nicht mitmachen darf", schimpfte ich. An Schlaf in der Nacht war nicht mehr zu denken. Einen Tag vor der Wanderung wurden in der Gruppe nochmals alle Namen vorgelesen, auch meiner. Ich litt still vor mich hin. Doch dann nahm ich allen Mut zusammen und lamentierte laut und vorwurfsvoll: „Das ist doch gemein, dass ich da mit muss. Obwohl Ihr doch alle wisst, dass ich schwer krank bin und das nicht kann. Mein Neurologe hat mir jede Anstrengung verboten. Wenn der das erfährt!"
Der Chefarzt unterbrach mich und sagte ruhig: „Inge, Du

kannst Dich doch abmelden!“
Im selben Moment ging mir ein Licht auf. Ich hatte mich wieder mal wie ein kleines wehrloses Mädchen verhalten. Als erwachsene Frau darf ich selber entscheiden, was ich will und was nicht. Die ganze Gruppe hat gelacht. Dann musste auch ich lachen und lachen und lachen. Es war wie eine große Befreiung. Und niemand hat mich dafür ausgelacht.
So einfach kann das Leben sein!

„Nimm Dich in Acht vor denen, die Deinen Spaß nicht verstehen; sie verstehen gewiss noch weniger Deinen Ernst."

Salomon Baer-Oberdorf

Nein sagen ist wichtig, Ja sagen auch

Es ist wichtig, dass Kinder – je früher, desto besser – lernen, nein zu sagen, wenn sie etwas nicht wollen. Nur so kann auch sexueller Missbrauch eingeschränkt werden. Und das ist kein rein weibliches Problem: Ich lernte auch Männer kennen, die als Kind missbraucht wurden.
Im Einkaufscenter schlug eine junge Mutter ihren kleinen Jungen ins Gesicht, weil er dem fremden Mann an der Theke die Hand nicht geben wollte. Ich konnte es mir nicht verkneifen und sprach die Frau auf das heikle Thema einfach an – nicht vorwurfsvoll, sondern offen und ehrlich. Obwohl mir schon bewusst war, dass es mich eigentlich nichts angeht.
Doch es geht uns alle was an, wenn wehrlose Geschöpfe zu Opfern gedemütigt werden. Dagegen ist Kindlichsein eigentlich pure Lebenslust. Späße gehören zum Alltag wie das Salz an die Suppe. Und unser innerer Clown muss immer wieder an die frische Luft.

Im Schreibasyl ...

Darf man beim Beten schwimmen?
Morgens gehe ich hier im Kurhaus um halb sechs zum Schwimmen. Da ist wenig bis gar nichts los und ich kann in aller Ruhe mal auf dem Bauch, mal auf dem Rücken meine Runden drehen. Nebenher bete ich und denke dabei an Menschen und Tiere, denen ich Gutes für diesen Tag wünsche. Für alle erbitte ich Gottes Segen.
Ob man beim Schwimmen beten darf?
Folgender Witz aus einem Sonntagsblatt gibt Antwort: Da fragte eine Frau den Herrn Pfarrer, ob sie beim Beten Radfahren darf. Der geistliche Herr verneinte dies energisch. „Hochwürden und wie ist das? Darf ich denn beim Radfahren nebenher beten?“ Ja, das dürfe sie selbstverständlich gerne tun, beten kann man überall, antwortete der Pfarrer.
Also kann ich doch auch beim Schwimmen beten.

Tut Eurem Körper etwas Gutes ...

... damit Eure Seele Freude daran hat, in ihm zu wohnen! So hat es die Heilige Teresa von Avila ihren Mitschwestern empfohlen.
Beobachte mal an einem Frühstücksbüfett, wie unterschiedlich der Geschmack der Menschen ist. Jeder häuft sich eine andere Mischung auf den Teller. Die Molligen, zu denen ich zähle, zumeist etwas mehr. Ich habe den Vorteil, dass ich bei meinem Gewicht ohne Weiteres noch auf einen Meter achtzig wachsen kann.
Die bayrische Kabarettistin Luise Kinseher sagte mit Blick auf ihre Rundungen, das Publikum könne sich nicht vorstellen, was das für eine Mühe war, bis sie diese Figur hatte: „Da muss man sich auch mal überwinden und noch ein oder zwei Stück Sahnetorte mehr essen. Oder zum Schnitzel die ganze Portion Pommes frites. Von nix kommt nix!"
Eckart von Hirschhausen erzählt in seinem Bühnenprogramm, dass er sich extra habe operieren lassen, weil ihn immer alle auf seinen Waschbrettbauch angesprochen hätten. Das wäre ihm auf die Nerven gegangen. Daher ließ er seinen Bauch mit Fettpolstern unterlegen.
Momentan sind Schönheitsoperationen in Mode. Sogar junge Mädchen üben schon Kritik an ihrem Körper und lassen sich zum Geburtstag eine Brustvergrößerung schenken. Vielleicht zu Weihnachten die Zweite?!
Mit Botox-Spritzen zaubert man die Falten (und die Mimik) im Gesicht weg. Das Resultat ist für einige Zeit das makellos faltenfreie Aussehen einer Schaufensterpuppe. Eines Tages hat man das Gesicht einer 20-Jährigen und den Po einer Siebzigjährigen.
Da fällt mir eine Anekdote ein: Eine Ehefrau wollte ihre Ehe auffrischen und kaufte sich zu diesem Zweck bei einer

Dessous-Party rote, schwarze und blaue Reizwäsche. Wenn ihr Mann abends heimkam, empfing sie ihn auf dem Sofa liegend in einem dieser farbigen Mieder. Er blickte sie aber nur kurz an, ging dann in die Küche, verspeiste schweigend sein Abendessen und setzte sich dann vor den Fernseher.
Als sie alle Farben ausprobiert hatte, wurde es der Frau zu dumm. Am nächsten Abend legte sie sich nackt auf die Couch. Er blickte sie wieder nur kurz an, verzehrte in der Küche schweigend sein Abendbrot und setzte sich vor den Fernseher.
Zornig und enttäuscht folgte sie ihm ins Wohnzimmer. „Hast Du denn nichts bemerkt an mir?" – „Doch!" – „Und was hat Dir am besten gefallen? Das Rote, das Schwarze oder das Blaue?!"
Der Mann löste kurz seinen Blick vom Fernseher: „Am besten hat mir das beigefarbene gefallen. Das musst Du halt noch bügeln."
Mit Ganzkörperbotox wäre das nicht passiert. Mit der Akzeptanz, dass wir alle im Laufe der Jahre älter werden, auch nicht.
Es kommt schon vor, dass Leute komisch schauen, wenn ihnen der Altersunterschied von Siggi und mir auffällt. Es kann passieren, dass ich mir folgende Bemerkung erlaube: „Da brauchen Sie gar nicht so schauen. Ich war auch schon jünger – viel jünger sogar!"
Ich kenne nicht viele Frauen, die mit ihrem Äußeren zufrieden sind. Männer machen sich nicht so viel Gedanken um Äußerlichkeiten. Doch die Werbung hat auch „ihn" jetzt als Konsumenten am Wickel. Es gibt ganze Kosmetikserien für den Herrn. Hoffentlich lässt das meinen Ehemann weiterhin kalt. Wir müssten sonst das Badezimmer vergrößern, weil alle Regale schon von meinen Schönheitsmittelchen belegt sind.

Früher, als ich körperlich noch fit war, kleidete ich mich gerne sportlich-lässig. Doch Sport als solches interessierte mich nicht. Durch die Erkrankung hat sich mein Leben auch in dieser Hinsicht ziemlich verändert. Ich achte auf ausgewogene Ernährung – allerdings nicht ausschließlich nur wegen meinem Wohlergehen. Ich liebe die Natur und ihre Geschöpfe und alle sollen in Würde existieren können. Auch wenn ich sie für meine Ernährung brauche.
Ich bin keine Vegetarierin. Gut fände ich allerdings, wenn alle Fleischesser vor dem Verzehr ihres Lieblingsgerichts einen traditionellen Schweinestall oder einen Putenmastbetrieb besichtigen und bei der Schlachtung dabei sein müssten. Ich bin seit Jahren Mitglied in einem Verein, der sich für artgerechte Haltung stark macht. Es ist grauenvoll, was Menschen ihren Mitgeschöpfen antun. Wenn ich an die qualvollen Tiertransporte quer durch Europa denke, kann mir schon das Lachen vergehen. Und der Appetit.
Wir haben uns schon vor 15 Jahren ein Laufband und zwei Ergometer fürs Wohnzimmer gekauft. Jeden Morgen betätigen wir uns vor dem Frühstück eine halbe Stunde sportlich, einmal die Woche mit Zusatzübungen für Kraft und Dehnung. Ansonsten wäre ich bestimmt nicht mehr so beweglich. Unser innerer Schweinehund, der im ersten halben Jahr mit „Bleibt doch lieber noch eine Weile im Bett!“ lockte, gibt inzwischen Ruhe. Er hat resigniert.
Körper, Seele und Geist sind eine Einheit. Für unser Gutgehen müssen wir selber Verantwortung übernehmen. Die Ansprüche sind allerdings so verschieden wie die Vorlieben beim Frühstücksbüfett.

Im Schreibasyl ...

Eigentlich wollte ich während meiner schöpferischen Zeit so wenig wie möglich mit Leuten reden. Als das meine Freunde hörten, äußerten sie Zweifel, ob ich das durchhalten könne.
Heute hat es mich eiskalt erwischt. Ich wurde von einer sympathischen Frau angesprochen und schon nach den ersten Sätzen lachten wir. Die Chemie stimmte. Dann bat sie mich an ihren Tisch, wo ich auch ihren Mann kennen lernte. „Schätzen Sie, wie alt er ist?" Ich schätze nicht gerne und erfuhr es auch ohne. 94 war er und sie 76. Seit 56 Jahren führten sie eine gute Ehe, trotz des Altersunterschieds.
„Vermutlich halten Partnerschaften, in denen miteinander viel gelacht wird, länger", fügte ich an. Wenn die erste Leidenschaft verpufft ist, trennen sich viele Paare wieder und suchen weiter nach dem nächsten „Kick". Doch gerade wenn der Alltag zur Erfüllung und der Humor zum Elixier wird, weiß man, was dem anderen wohl tut. Erst dann beginnt eine gute Ehe.
Meine neuen „Kurschatten" haben eine Tochter durch Krebs verloren und eine andere Tochter lebt mit Down-Syndrom in einer Behinderteneinrichtung. Von dieser behinderten Tochter erzählte die Mutter ganz stolz und voller Liebe.
„Susi konnte hierher nicht mit, weil sie sich auffallend laut freuen kann. Erst sitzt sie lange brav da und schaut alles an, was so im Raum ist. Dann lacht sie plötzlich laut und anhaltend. Es macht ihr unbändig Spaß, wenn alle um sie herum

über ihr Lachen erschrecken."
Ich finde es grotesk, dass es in heutiger Zeit normal ist, behinderte Kinder abtreiben zu lassen, wenn bei der Schwangerschaftsuntersuchung ein „Defekt" festgestellt wird. Dabei kann Behinderung aus unserer Welt nicht verdrängt werden. Die meisten Behinderten sind es nicht von Geburt an, sondern werden es durch Auto-, Sport- und Motorradunfälle und Schlaganfälle. Es ist also ratsam, Menschen mit einer Behinderung als normal – nur halt ein wenig anders – zu sehen.

Corinna, Evi und Frank

Bei den »Freunden« gehört Frank zum Aktivenkreis. Er hat das Down Syndrom und ist in der Umgangssprache ein so genannter „Behinderter". Dabei können wir uns so gut nach Stärken und Schwächen, Grenzen und Möglichkeiten ergänzen. Mit Frank kann ich vieles anstellen, was den so genannten Normalen peinlich wäre. Wenn etwa irgendwo gute Musik spielt und die Beine vor Lust zum Tanzen förmlich jucken, dann frage ich Frank, ob er mit mir tanzt. Er ist ein hervorragender Tänzer und lässt sich beim Rock'n'Roll klasse führen. Manchmal interpretieren das die Leute völlig falsch: „Schau, die Frau Grein-Feil ist so nett zu dem Behinderten!" Dabei ist es gerade anders rum. Ich wollte ja tanzen und Frank ist nett zu mir.

Bei unserem integrativen Theaterprojekt, der FsF-Szenen-AG ergänzt sich eine bunt zusammengewürfelte Spielerschar. Gerade bei den Improvisationen tragen unsere Evi (Down-Syndrom), Frank und Corinna (Spastikerin im Rollstuhl), ihre Herzen auf der Zunge. Sie sind so erfrischend authentisch, dass ich mich frage, wer nun eigentlich behindert ist.

Ich weiß auch von Leuten, die mit Behinderten überhaupt nichts zu tun haben wollen. Sind es die eigenen Ängste, die den Kontakt vermeiden lassen? Sicher hast Du bemerkt, dass mit mir bei diesem Thema nicht gut Kirschen essen ist.

„Ich bin ein Clown, ich sammle Augenblicke."

aus „Ansichten eines Clowns" von Heinrich Böll

Geburtstagsüberraschung zum 60sten (siehe auch Seite 89).

Der 1. April

Wenn es nach mir ginge, könnte öfters der 1. April sein. Ich liebe es, meine Mitmenschen in den April zu schicken. Das ist bei uns Familientradition. Meine Eltern schickten schon gute Freunde und Arbeitskollegen in den April. Wir gaben das „in den April schicken" erzieherisch an unseren Sohn weiter und der wiederum an seine Kinder. Unsere Enkelkinder Aurelia und Larissa riefen pünktlich zum 1. April an und banden uns einen Bären auf.

Als meine Eltern schon sehr gebrechlich in ihren Ohrensesseln sitzen mussten, rief ich an einem ersten April an und fragte, ob sie die Blumen vor der Haustüre entdeckt hätten. Ich hätte einen Frühlingsstrauß vom Gärtner bringen lassen. Mein Vater verneinte dies, wollte aber doch lieber – aus Sorge, dass sie jemand stehlen könnte – gleich nachschauen.

Ich wartete am Telefon und konnte deutlich hören, wie sich der alte Mann schwerfällig vom Sessel hochplagte und schleppenden Schrittes zur Wohnungstüre ging. Sein Stöhnen ließ mich zweifeln, ob es eine gute Idee war, den April auf diese Weise zu beginnen.

Es dauerte einige Minuten, bis mein Vater wieder nach Luft ringend ans Telefon zurückkam und mir mitteilte „Da ist nichts!“ Ich lachte und rief: „April, April!“

Die nun folgende Reaktion muss man sich auf der Zunge zergehen lassen: „Was? Du Lompadog!“ (schwäbisches, liebevolles Schimpfwort, das übersetzt etwa „Flickenpuppe“ bedeutet)

Dann lachte auch er und wurde hektisch. „Jetzt müssen wir schnell Schluss machen. Ich muss gleich bei Hannelore anrufen und sie in den April schicken.“

Unser Sohn Oliver hatte in den Osterferien seinen Freund Armin zu Besuch. Die beiden waren immer zu Scherzen aufgelegt.

Am 1. April holte ich die Post aus dem Briefkasten und wunderte mich über ein Schreiben vom Ortsvorsteher. Es war eine Anzeige! Wir hätten „Flurbeunreinigung“ (es ist mir nicht aufgefallen, dass an dem Wort irgendwas nicht stimmte) begangen und wir müssten die entsorgten Steine vom Wegrand umgehend beseitigen. Sonst käme eine Strafe von 50 Mark auf uns zu.

Temperamentvoll, wie ich nun mal bin, stieg mein Blutdruck umgehend in schwindelnde Höhen. Ich wählte die Nummer vom Ortsvorsteher, doch der war – Gott sei Dank! – nicht zu erreichen. Dann raste ich rüber zur Nachbarin, um ihr von dieser Unverschämtheit zu berichten. Wir hätten die Steine schließlich zum allgemeinen Bauschutt geworfen. Ich regte mich schrecklich auf und das wollte ich dem Bürokraten in aller Deutlichkeit am Nachmittag sagen.

Von wegen, die Steine wieder wegholen!
Als ich zu uns nach Hause kam, standen die beiden Buben mit schuldbewusstem Blick da. Der Brief wäre von ihnen geschrieben worden. Sie hätten uns in den April schicken wollen. Mit meiner Reaktion hätten sie allerdings nicht gerechnet, sondern gehofft, dass wir die Steine vom Wegesrand holen.
Zuerst verschlug es mir die Sprache, dann begann Armin zu lachen. Und dann lachten wir alle miteinander. Noch heute können wir uns über diesen gelungenen Lausbubenstreich köstlich amüsieren.
Warum wir die Steine an den Wegrand geworfen hatten, fragst Du? Da hatte uns eine alte Frau geklagt, die Handwerker hätten bei ihr Bauschutt liegen lassen. In meiner manchmal unüberlegten Hilfsbereitschaft bot ich sofort an, die Steine im Kofferraum mitzunehmen.

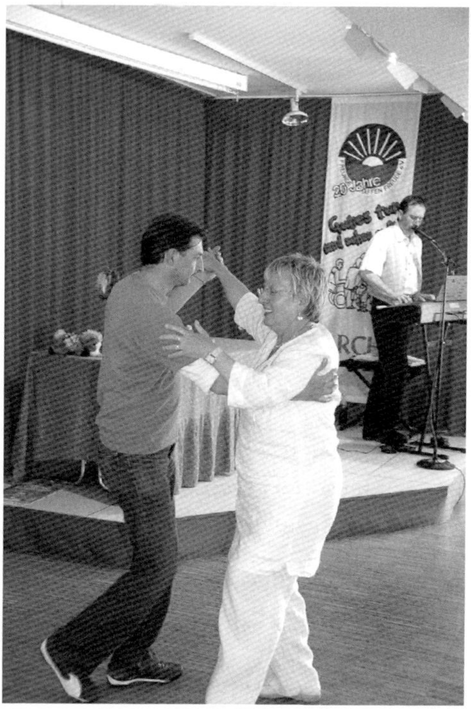

Vorsicht: Lachen wirkt ansteckend!

Kennst Du das, wenn man mit dem Lachen nicht mehr aufhören kann? Der Grund des Lachens ist dann schon längst nicht mehr das Wichtigste. Sondern man lacht einfach weiter und die Grenze zum Weinen ist fließend. Es entwickelt sich zum Lachkrampf.
Wir hatten für das Seminar „Ist Lebensfreude (v)erlernbar?“ vor Jahren einen Tagungsort auf der Fraueninsel im Chiemsee gebucht. Im dortigen Kloster Frauenbrunn klärte mich die zuständige Ordensschwester über die Hausordnung und Ruhezeiten auf. Dies alles einzuhalten wäre unbedingte Pflicht für die Gäste der Benediktinerinnen-Abtei, erklärte sie uns nachdrücklich.
Tagsüber lief alles bestens, die Räumlichkeiten und die Verpflegung waren für unsere Gruppenarbeit ideal. Zum Höhepunkt gehörte bei meinen Seminaren immer, dass wir am Samstagabend miteinander einen „Lebensfreude-Talentschuppen“ veranstalteten. Jeder trug etwas zum Gelingen dieses bunten Programms bei.
Gleich nach dem Abendessen legten wir los, um bis zur Nachtruhe um 21 Uhr fertig zu sein. Doch die Kreativität unserer Gruppe kannte keine Grenzen und die Darbietungen zogen sich hin. Es war längst 21 Uhr vorbei, als meine Schwiegermutter zusammen mit einer Freundin die „Bühne“ betrat. Ich weiß nicht mehr, was sie vorführten, ich weiß nur, dass die beiden selber so lachen mussten, dass sie nicht mehr aufhören konnten. Und wir anderen ließen uns anstecken.
Die Tatsache, dass eigentlich schon längst Nachtruhe war und wir still in den Zimmern hätten sein müssen, half in keiner Weise, mit dem Lachen aufzuhören. Im Gegenteil, es reizte immer mehr zum Weiterlachen! Wir lachten noch, als

die Ordensschwester den Raum betrat und uns mit strenger Miene zurechtwies.
Auf dem Weg in den Schlaftrakt ging das Kichern weiter und es hallte durch die langen Flure. Selbst in den Zimmern kehrte erst nach einer langen Weile Ruhe ein. Und jede Wette, dass in dieser Nacht alle Teilnehmer unseres Seminars mit einem Lächeln im Gesicht einschliefen.

Hilft eigentlich beten?

Als ich mich 1982 fast aus heiterem Himmel mit der Diagnose Multiple Sklerose konfrontiert sah, suchte ich nach allen möglichen Heil- und Wundermitteln. In der ersten Zeit fand ich durch Hypnose Erleichterung. Nach diesen Sitzungen drehten sich meine Gedanken nicht mehr panikartig im Kreis. Ich bekam von der Therapeutin Ruhebotschaften, die mir vor allem nachts zum benötigten Schlaf verhalfen.

Damals suchte ich auch krampfhaft nach Hoffnung aus Büchern, die sich um das positive Denken drehten. Ich wiederholte Tag und Nacht die empfohlenen Autosuggestionen: „Ich bin jung, reich, gesund und erreiche alles, was ich will!"

Als Schwäbin, die zur Perfektion erzogen worden ist, gab ich mir alle nur erdenkliche Mühe, in diesem Seelenchaos positiv zu denken. Doch ich fühlte mich alt, arm und vor allem sehr krank.

„Positives Denken" verhalf mir zu keiner Lösung, weil es mich unter Druck setzte. Einem guten Freund ging es nach der Lektüre eines Buches über Positives Denken sehr schlecht. Weil er es nicht schaffte, nur positive Sätze zu denken, kam er sich wie ein Versager vor.

Ich bin zwar auch der Meinung, dass es besser ist, wenn wir lebensbejahend und optimistisch unseren Alltag angehen können. Da öffnet sich so manche Türe wie von selber. Aber mir persönlich ist es lieber, wenn ich mit Gottvertrauen beten und meine Anliegen abgeben kann. Ich möchte nicht der Schöpfer meiner Gedanken, ja, meiner Umstände sein müssen.

Vor meinem geistigen Auge sah ich damals immer nur Betroffene, die mit dieser Krankheit in schlimmster Verfas-

sung waren. Wenn ich jemandem von der Diagnose erzählte, hörte ich sofort Geschichten von anderen Menschen, die es besonders schlimm erwischt hatte oder die inzwischen gestorben waren. Wir alle kennen das Phänomen: Wenn jemand über eine Krankheit sein Herz ausschüttet, wissen alle sofort ein dramatisches Beispiel eines Bekannten, einer Bekannten, der genau das, nur eben noch viel schlimmer erlitten hat. Sehr selten wird über gute Verläufe berichtet.
Du kannst dazu beitragen, dass dieses Gute verbreitet wird, indem Du anderen erzählst, dass es eine Inge gibt, die durch ihre Erkrankung eine Lebensbereicherung erfahren hat.
Wie ich das erleben durfte, habe ich in meinen Büchlein „Plötzlich war alles anders“ und „Ist Lebensfreude (v)erlernbar?“ erzählt. Ich bin sicher, dass sich die Veränderung aufgrund der Gebete der Ordensschwestern vollzogen hat.
Zweifler können anmerken, dass es nicht sein könne, dass es in diesem riesigen Universum bei Abermillionen Menschen auf Erden irgendeine höhere Macht gibt, die ausgerechnet das Gebet einer bestimmten Person erhört. Doch dass Gebete Wirkung zeigen, das durfte ich seit 1984 unzählige Male erleben.
Der Vorteil meiner jetzigen Lebensweise ist, dass ich nicht gezwungen bin, immer „gut drauf“ zu sein. Ich gebe alles, was mich belastet, im Gebet ab. Wenn es mir nicht gelingt, loszulassen, dann bitte ich die Ordensschwestern um ihr Mitgebet. Mir fällt es nicht immer leicht, um eine gute Lösung bei schwierigen, belastenden Anliegen vertrauensvoll zu beten – vor allem wenn ich selbst befangen bin. Erst kürzlich ging es mir wieder so: Eine sehr gute Bekannte hat Krebs und muss unendlich viel durchleiden. Da muss ich vertrauensvoll das Gebet „delegieren“. Bei den Schönstatter Anbetungsschwestern in Vallendar am Rhein fühle

ich mich verstanden und bei der ewigen Anbetung bestens unterstützt.
Für mich gilt eines: Meine Einstellung sollte möglichst lebensbejahend bleiben, auch wenn es drunter und drüber geht. Das gelingt mir umso besser, je bewusster mir ist, dass ich unterm Schutz des Höchsten stehe. Schließlich bin ich seine geliebte Inge.

„Gott gebe mir die Gelassenheit, Dinge hinzunehmen, die ich nicht ändern kann, den Mut, Dinge zu ändern, die ich ändern kann und die Weisheit, das eine vom andern zu unterscheiden!“

Reinhold Niebohr

Über den Urheber dieses praktischen Gebetes, das zum Vertrauen und zur Selbsthilfe gleichermaßen anregt, gibt es verschiedene Theorien, so auch, dass es von Christoph Friedrich Oetinger wäre. Mir ist es nicht so wichtig, wer auf diese gute Idee kam. Hauptsache, es wird gebetet!

„Wenn Du ein Schiff bauen willst, verteile nicht Aufgaben an Menschen, sondern wecke in ihnen die Sehnsucht nach dem weiten Meer.“

Antoine de Saint-Exupéry

Der Heilige Josef

Dass wir die soziale und kulturelle Begegnungsstätte ARCHE erbauen konnten, war sicher mit das Ergebnis vieler Gebete.
Als wir immer dringender behindertengerechte Räumlichkeiten für die »Freunde«-Veranstaltungen benötigten, beteten viele Menschen mit uns um eine gute Lösung. Geld hatten wir keines in Reserve. Doch als wir es wagten, das große Bauvorhaben zu riskieren, öffnete sich eine Türe nach der anderen.
Allerdings ereignete sich noch in den ersten Planungsstunden etwas, das mir mitzuteilen wichtig erscheint: Unser damaliger Bürgermeister kam zur Kuratoriumssitzung und verkündete, dass aus dem Bau seiner Meinung nach nichts werden könne (obwohl er uns zusammen mit den Gemeinderäten ein kostenloses Baugrundstück übertragen hatte). Wir würden von keiner Kommune finanzielle Unterstützung bekommen.
Ich reagierte enttäuscht und verärgert: „Das werden wir sehen. Das ist jedenfalls nicht die letzte Sitzung in dieser Bausache!“
Siggi und mir ging es schlecht, unsere Hoffnung war fast schon „im Eimer“. Deshalb fuhren wir umgehend zu Pater Beda nach Neresheim. Insgeheim wünschten wir uns, dass er uns einem reichen Sponsor empfehlen würde.
Doch was sagte der gute Mönch? „Da müsst Ihr zum Heiligen Josef beten. Der ist zuständig für die Familien und Bauangelegenheiten.“
Ich war verzweifelt. „Lieber Pater Beda, jetzt bin ich erst vor nicht allzu langer Zeit wieder in den Schoß der Kirche zurückgekehrt, versuche seitdem vertrauensvoll zu beten und nun kommen Sie mit einem Heiligen. Das kann ich

nicht glauben."
Doch an jenem Abend lag ich im Bett und dachte so vor mich hin: „Heiliger Josef, es ist mir peinlich, aber ich kann mir nicht vorstellen, dass Du uns weiterhelfen kannst. Aber sollte es Dich geben, dann weißt Du ja eh, was wir benötigen."

Es dauerte keine zwei Wochen, da vermittelte ein guter Freund uns den Kontakt zu einem privaten Sponsor. Kurz und bündig: Der sozial eingestellte Mann prüfte unsere Pläne, unsere Vertrauenswürdigkeit und unsere Finanzen und gab uns in sechsstelliger Höhe genau das Geld, das wir zum Baustart benötigten. Ansonsten hat er sich aus unserem weiteren Weg rausgehalten.

Atheisten und Skeptiker können nun behaupten, dass es Zufall war. Wir sind wieder zu Pater Beda gefahren und ich habe ihm durch die Klosterflure zugerufen: „Das war Ihr Heiliger Josef!"

Ich denke schon, dass Gebete erhört werden. Doch was ist, wenn jemand betet, dass es regnen soll und der andere wünscht sich Sonne? Weil ich da keine Antwort weiß, bitte ich stets: „Dein Wille geschehe!" Und damit sind wir bis jetzt immer gut gefahren.

Mit meinem Lieblingsgebet möchte ich das Glaubensthema bis auf Weiteres so belassen. Die Gabe der Missionierung habe ich nicht bekommen. Wenn allerdings jemand mehr über meinen Glauben wissen möchte, dann erzähle ich gerne ausführlicher über mein kindliches Gottvertrauen.

Eine geschnitzte Holzfigur des Hl. Josef wurde den »Freunden« von Prinzessin Daria von Thurn und Taxis und Edith Birkner für den ARCHE-Saal geschenkt.

Manch ein Traum will verwirklicht werden

Es gibt schöne, beispielhafte Geschichten und eine erzähle ich jetzt: In einem Park mit sehr alten Bäumen blieben an einem Nachmittag zwei Leute stehen und schauten nach oben. Und wie das so ist, wenn man auffallend irgendwohin sieht, bleiben noch andere stehen und schauen auch. Es wurden immer mehr. Auch der Erzähler dieser Geschichte blieb stehen und blickte nach oben.

Am Stamm der alten Eiche lehnte eine Leiter und im Gipfel entdeckte er einen dunklen Fleck. Die Leute riefen durcheinander: „Das ist ein Mensch!“ – „Nein, das ist ein Gegenstand. Vielleicht ein Kinderdrachen.“ – „Doch, es ist ein Mensch!“

Inzwischen hatte irgendwer die Feuerwehr verständigt. Nach wenigen Minuten kam sie mit Blaulicht und Martinshorn angebraust. Die Rettungsleiter wurde ausgefahren. Der Kommandant selber stieg hinauf. Da saß in einer Astgabel ein alter Mann. Er umklammerte fest einen dicken Ast und lächelte. Nun sind ja Feuerwehrleute einiges gewohnt, aber so was hatten sie noch nie erlebt. „Kommen Sie sofort da runter. Sie gefährden sich und andere!“

„Nein“, sagte der alte Herr. „Ich bleibe hier sitzen, so lange ich es will.“

Nachdem alles Bitten und gutes Zureden nichts half und mit Gewalt schon gar nichts auszurichten war, fragte der Kommandant den Mann: „Warum sind Sie eigentlich hier heraufgeklettert?“

Es sprudelte nur so heraus: „Schauen Sie, als ich ein kleiner Junge war, wollte ich immer mal auf einen dieser Bäume klettern. Die waren damals noch nicht so hoch. Doch meine Eltern haben es mir verboten. Wegen der Kleidung und den Schuhen. Man hatte damals nicht viel. Später, als

ich ein junger Kerl war, lachten mich meine Kameraden aus. Auf einen Baum zu klettern, das sei nur etwas für kleine Kinder.
Dann musste ich in den Krieg ziehen. Das brachte andere Sorgen und Wünsche. Doch ich hatte Glück und kehrte unversehrt zurück. Bald schon lernte ich ein hübsches Mädchen kennen und wir heirateten. Jetzt ist es aber höchste Zeit, auf den Baum zu klettern, dachte ich mir. Die Eiche war im Laufe der Jahre in die Höhe geschossen. Mit der Reaktion meiner Frau habe ich nicht gerechnet. Sie schrie mich an, ob ich denn verrückt wäre. Ich sollte schließlich den Kindern ein gutes Beispiel sein und ihnen nicht so etwas Gefährliches vormachen. Wenn ich auf den Baum steigen würde, dann müsste ich mich entscheiden: entweder sie und die Kinder oder der Baum.
Also ließ ich es bleiben. Nach der Pensionierung reizte es mich nochmals sehr. Meine Frau und ich sind inzwischen oft getrennte Wege gegangen. Doch jetzt zwickte und zwackte es im Rücken und im Herz. Ich getraute mich nicht.
Heute ist mein 85. Geburtstag, ich muss niemand mehr Rechenschaft ablegen und meine restlichen Tage verbringe ich im Pflegeheim gegenüber. Alle Tage sehe ich von meinem Fenster aus die Bäume. Heute morgen dachte ich „Jetzt oder nie“, vielleicht muss ich ja bald sterben. Es wäre doch ewig schade, wenn ich mir den größten Traum meines Lebens nicht erfüllt hätte.
Also holte ich vom Hausmeister die Leiter und nun sitze ich hier oben und weiß nicht mehr, wie ich runterkommen soll. Ich bin Ihnen sehr dankbar, wenn Sie mir helfen, wieder festen Boden unter die Füße zu bekommen.“
Der Feuerwehrmann und der alte Mann lachten herzhaft. Dann bestiegen sie die kleine Plattform und fuhren langsam

nach unten.
Niemand erfuhr jemals von den Hintergründen dieser Rettungsaktion – nur ich und Du jetzt.
Möge uns diese Geschichte ermutigen, mit unseren Lebensträumen nicht so lange zu warten, bis es zu spät ist.

„Die Christen müssten mir erlöster aussehen. Bessere Lieder müssten sie mir singen, wenn ich an ihren Erlöser glauben sollte."

Friedrich Nietzsche

Zu dieser Aussage von Nietzsche möchte ich unbedingt anmerken, dass sich vieles geändert hat. Wir singen bei uns in der Kirche moderne, frohe Lieder und dabei sehen die meisten Christen auch ganz schön erlöst aus.

Gott ist größer als unser Herz

Ein enger Verwandter lebte in sehr schwierigen Familienverhältnissen. Auch litt er schon lange unter schweren Depressionen, die ihm alle Hoffnung geraubt hatten. Unter dieser Last brach er letztendlich zusammen und schied freiwillig aus dem Leben.

Am Tag der Beerdigung war es Siggi und mir besonders schwer ums Herz. Wir fragten uns, wie diese Trauerfeier in dem streng katholischen Ort wohl verlaufen würde. Uns trieben Vorurteile und Ängste um. Als wir in die Kirche kamen, saßen die Trauergäste tiefschwarz und wie versteinert in den Bänken. Man hätte eine Stecknadel fallen hören, so still war es in der großen Wallfahrtskirche.

Ein junger Pater hielt den Gottesdienst. Schon bei den ersten Sätzen löste sich die Anspannung. „Unser Bruder ist freiwillig von uns gegangen. Niemanden von uns ist es gelungen, ihm in seiner Not zu helfen. Deshalb steht es uns nicht zu, ihn zu verurteilen, denn Gott ist größer als unser Herz. Was wissen wir, was er in seiner letzten Lebenssekunde gedacht hat? Gott hat mehr Geduld als wir Menschen. Deshalb ist er bestimmt von den offenen Armen des Vaters aufgefangen worden".

Der Pater hat die richtigen Worte gewählt. Bei dieser Trauerfeier war keine Verurteilung zu spüren.

Diese wohltuenden Worte schenken auch mir Geduld im Umgang mit schwierigen Menschen. Wenn schon Gott jeden mit offenen Armen empfängt, dann brauche ich ja in meiner Beurteilung nicht päpstlicher als der Papst zu sein.

Ich kann mich glücklich schätzen, dass ich durch meinen Glauben, so wie ich ihn verstehe, nicht engstirnig werden muss. Ich freue mich, dass ich mich trotz meiner katholischen Glaubenszugehörigkeit als Weltbürger fühlen darf.

Menschen mit anderen Weltanschauungen und Religionen sind mir Schwester und Bruder. Anders könnte ich gar nicht bei den »Freunden« sein, denn als Gründerin wollte ich von Anfang an eine überkonfessionelle, überparteiliche Bürgerinitiative entstehen sehen.
Selten, aber doch hin und wieder fragt jemand, ob wir eine Sekte sind. Sind wir nicht, wir halten uns als Gemeinschaft aus religiösen und weltanschaulichen missionarischen Weltverbesserungsaufgaben raus. Doch arbeiten wir konstruktiv und offen mit kirchlichen, sozialen, kulturellen und behördlichen Einrichtungen zusammen.

Denn Miteinander geht es besser!

Im Schreibasyl ...

Während meines Spaziergangs durch dichtes Schneegestöber kämpfte ich mit dem Wind. Ich überlegte, welches Datum wir heute haben. O je, in neun Monaten ist schon wieder Weihnachten und es ist immer noch Winter. Obwohl vor ein paar Tagen Frühlingsanfang war.

Im Speisesaal gibt es große Panoramafenster. Draußen wirbeln die Flocken in wilden Tänzen umher. Ich stelle mir vor, ein Riese hätte eine überdimensionale Schneekugel umgedreht und die Flocken müssen erst wieder langsam zu Boden sinken.

Irgendwie steht auch bei mir alles Kopf, weil ich aus meinem gewohnten Trubel in diese Stille hier abgetaucht bin.

Mit einem freundlichen, gütig dreinblickenden Herrn, der die neunzig längst überschritten hat, führe ich kleine Gespräche, wenn wir uns irgendwo im Kurhaus treffen. Hätte mich jemand gefragt, ob ich mir diesen Opa schlechter Laune oder unhöflich vorstellen kann, dann hätte ich das vehement verneint.

Aber heute Abend höre ich die Bedienung aufgeregt jemandem im Speisesaal erklären, dass sie gleich komme – doch zuerst müsse sie das warme Essen servieren. Sie bat mehrmals höflich um Geduld. Der betreffende Gast fuhr schweres Wortgeschütz auf. Der Grund seiner lautstarken Beschwerde war, dass er zu lange auf seinen Tee warten musste. Es war mein liebenswerter Opa! Welche Laus ihm über die Leber gelaufen ist werde ich wohl nicht erfahren.

Ich kenne solchen Stimmungswandel auch von mir. Er muss nicht mal einen triftigen Grund haben. Die schlechte Laune überfällt einen aus heiterem Himmel. Bei mir geht das allerdings so schnell wieder vorbei, wie es gekommen ist.
Mir ist dazu eingefallen, dass der ehemalige Leiter der Ulmer Telefonseelsorge im Rahmen einer Fortbildung zu uns „Schülern" sagte: „Lasst Euch von niemandem aus der Fassung bringen, egal wie sehr Ihr angegriffen werdet.
Merkt Euch: Die Menschen verhalten sich für sich und nicht gegen Dich!"
Trotz ihres zumeist hohen Alters und schmerzhaften Gehbehinderungen unterhalten sich die Reha-Gäste hier rege bei den Mahlzeiten. Es wird auch viel gelacht. Die meisten haben muntere, hellwache Augen – eingebettet in Fältchen und Falten, die ihnen das Leben gezeichnet hat.
Ich bin dankbar, dass ich gerade hier zum Schreiben bin. Mir gegenüber sitzt eine Frau, die mich an meine Mutter erinnert. Würde ich an Wiedergeburt glauben, wäre ich sicher, dass sie aufpasst, ob ich mit den Jungs hier rede. Aber die alte Frau lächelt mich freundlich an, wenn ich an ihrem Tisch vorbeigehe.
Ich hörte von einer Krankenschwester, dass manche der betagten Gäste gar nicht mehr heimwollen. Hier erleben sie Geborgenheit, und immer ist jemand zum Reden und Zuhören da. Wer weiß, wie groß die Einsamkeit in den eigenen vier Wänden ist.

Kölsche Gefühle

„Et kütt wie et kütt“ (für alle Nicht-Kölner: „Es kommt, wie es kommt“)
Wer mich gut kennt, weiß, dass ich durch und durch ein Köln-Fan bin. Ich trage sogar einen knallroten, fast „echten“ Kölschen Pass bei mir. Meine Identifikation geht so weit, dass ich – obwohl völlig unbegründet die Kölner viel netter als die Düsseldorfer finde. Diese Städteveräppelung unterstüze ich nur, damit ich mich noch echter als „Pseudo-Kölnerin“ fühlen kann. Dabei war ich bisher erst fünfmal in der Domstadt.
Bei meiner Liebe zu Kölle am Rhing geht es mir mehr um das „Kölsche Jefühl“.
Meines Wissens gibt es keine Stadt der Welt, die mehr Liebeserklärungen in Form von Rock, Pop, Karneval, Volksliedern und Nostalgie ihr Eigen nennen kann als Köln.
Wenn Lachen gesund ist, dann ist es Singen und Musizieren erst recht. Alljährlich genieße ich in der Karnevalszeit im Fernsehen den rheinischen Humor.
Wenn ich meine Stimmung anheben will, brauche ich nur „Menscha wia mir ...“ singen, das ist seit mehr als 15 Jahren das »Freunde«-Aktionslied. Ich bat hochoffiziell die Pop-Gruppe „De Höhner“ um Genehmigung und unser Freund, Treffleiter und Musiker Wolfgang Klaschka übersetzte den Text ins Schwäbische. Als sich die „Höhner“ vor einigen Jahren nach Aalen „verirrten“, sangen sie es extra mir zuliebe. Dass ich vor Stolz beinahe geplatzt bin, versteht sich von selbst.
Inhaltlich geht es in unserem Aktionslied darum, dass wir eingeladen werden, näher zu rücken, wie Freunde das machen. Auch Nachbarn mit ausländischen Wurzeln sind bei dieser Aufforderung zu einem guten Miteinander gemeint.

Einmal im Jahr heize ich als Obernärrin beim Faschingsumzug im heimischen Dischingen die Zuschauer am Straßenrand mit Kölschen Liedern zum Mitsingen ein. Ich sitze beim Gaudiwurm auf meinem Mottowägelchen und bin selig, dass ich in unserer schwäbischen Karnevalshochburg dazu beitragen kann, ein wenig Kölner Gefühl zu versprühen. Und das Volk am Straßenrand und hernach in der ARCHE lässt sich anstecken.
Meine Liebe zu dieser lebensfröhlichen Musik geht so weit, dass ich mir bereits ein Lied von den „Höhnern" für meine letzte Abschiedsfeier gewünscht habe: „Wir werden uns wiedersehen, das steht für mich fest!"
Jeder Abschied ist ein Neubeginn.

„Et Kölsche Jrundjesetz"

... ins Hochdeutsche übersetzt von mir.

§ 1 Et es, wie et es! – Es ist wie es ist. Kann man nichts ändern!
§ 2 Et kütt, wie et kütt – Es kommt wie es kommt!
§ 3 Et hätt noch immer jot jejange. – Es ist noch immer gut gegangen.
§ 4 Nix bliev, wie et wor. – Nichts bleibt, wie es war.
§ 5 Watt fott es, es fott. – Was weg ist, ist weg.
§ 6 Hammer immer esu jemaat. – Haben wir immer so gemacht.
§ 7 Von nix kütt nix. – Von nichts kommt nichts.
§ 8 Wat nix koss, dat es och nix. – Was nichts kostet, ...
§ 9 Jede Jeck es anders! – Jeder Mensch ist anders!
§ 10 Mach et jut, ävver nit ze off. – Mach es gut, aber nicht zu oft.
§ 11 Hammer nit, bruche mer nit, fott domet. – Haben wir nicht, brauchen wir nicht, also weg damit.
§ 12 Levve und levve lossa. – Leben und leben lassen.

Ein alter Herr kommt zum Ohrenarzt, weil er seit einigen Tagen so schlecht hört. Da fragt ihn der Doktor, warum er denn Zäpfchen in den Ohren stecken hat. „O je, Herr Doktor, jetzt weiß ich, wo meine Hörgeräte sind!“

Lachen ist gesund, aber ...

... aber warum schreibe ich soviel über das „Aber“? Weil es mir wichtig ist, das Leben in der ganzen Vielfalt zu beleuchten. In den Anfängen meiner Erkrankung war ich körperlich nicht mehr belastbar. Meine Zukunft sah ich in meiner Verzweiflung nur noch wie ein schwarzes Loch. Kein Wunder, dass ich mich seelisch schlecht fühlte.

Hätte mir damals jemand „um die Ohren gehauen“, ich solle mehr Lachen, weil das gesund sei, wäre ich ausgerastet. Eine durch und durch lebensfrohe Bekannte half uns damals im Geschäft und Haushalt. Wenn man selber gut drauf ist, dann ist so eine Person genau der richtige Umgang. Doch bei all ihrer Hilfsbereitschaft nervte es mich, wenn sie immer so auffallend fröhlich war. Von ihrem „Es wird schon wieder!“ ließ ich mich jedes Mal provozieren.

Mir wurden bei den »Freunden« und nach meinen Vorträgen in all den Jahren viele Lebensgeschichten anvertraut, bei denen einem das Lachen im Hals stecken bleiben konnte. In der kurzen Zeitspanne, die wir hier auf Erden haben, müssen manche Menschen Furchtbares ertragen. Auch fügen sich Menschen gegenseitig gewollt und ungewollt Schreckliches zu.

Wären da nicht als Ausgleich bei jedem von uns die vielen erfreulichen Ereignisse, die wir mit befreitem Lachen genießen können, wäre das Leben oftmals unerträglich.

Den Humor und den Blick für das Wohltuende gilt es zu hüten wie einen Schatz.

Ein kräftiges Lachen schafft Distanz, öffnet den Blick und lässt uns auch an grauen Tagen das Schöne sehen. Damit nicht genug: Lachen hat außerdem jede Menge positive Auswirkungen auf unsere Gesundheit. In unserer Ausbildung als Klinikclowns lernten wir zum Beispiel:

*** Lachen kräftigt das Herz und senkt den Blutdruck. Außerdem nimmt der gesamte Körper beim Lachen das Drei- bis Vierfache an Sauerstoff auf.
*** Lachen entspannt, denn es verhindert die Ausschüttung von Stresshormonen wie zum Beispiel Cortisol.
*** Lachen stärkt den Organismus und bringt die Abwehrkräfte auf Trab: Abwehrstoffe wie Immunglobulin A, T-Lymphozyten und „Killer-Zellen" sollen vermehrt ausgeschüttet werden.
*** Lachen trainiert die Muskeln. Statt zwölf Minuten Joggen könnte man auch eine Minute Lachen. Das setzt nämlich 80 Muskeln in Bewegung.
*** Lachen macht glücklich, denn es setzt das Glückshormon Endorphin frei. Das beflügelt nicht nur, sondern dämpft auch Schmerzen. Mehr noch: Von einer Fortbildung zum Therapeutischen Humor bei der Humortherapeutin Erika Kunz füge ich noch einige ermutigende Anmerkungen zur heilenden Kraft des Lachens an:
*** Das Lachen verändert die Einstellung gegenüber dem Schmerz. Es lenkt die Aufmerksamkeit ab.
*** Das Lachen wirkt auf das neurovegetative System. Der Parasympatikus verlangsamt den Herzrhythmus, bringt den Blutdruck zum Sinken, reguliert die Atmung und die Verdauung. Die Wirkung des Lachens auf den Parasympatikus ist dauerhaft. Die günstigen Auswirkungen dauern fort, lange nachdem man zu lachen aufgehört hat.
*** Das Lachen nimmt Einfluss auf den Schlaf, denn es erschöpft die innere Spannung. Es verbessert die Schlaffähigkeit oder beseitigt gar die Schlaflosigkeit.
*** Lachen reinigt und befreit die oberen Luftwege.
*** Das Lachen ersetzt viele Heilmittel. Es setzt die „chemische Fabrik" in Gang. Diese chemische Fabrik kann gefährliche Stressgifte erzeugen, wenn man eine todernste

Lebenseinstellung zulässt. Deshalb hilft Lachen gegen Angst, Niedergeschlagenheit und Pessimismus.
*** Lachen fördert die Verdauung.
*** Durch das Lachen bessern sich gewisse Kopfschmerzen und Ischias-Beschwerden oder verschwinden gar.
*** Das Lachen bewirkt eine eigentliche Massage der Gesichtszüge und trägt so dazu bei, dem Gesicht seine Schönheit und Geschmeidigkeit wiederzugeben.
*** Das Lachen bewirkt eine tiefgreifende Durchknetung der Leber und der Gallenwege durch eine Senkung des Zwerchfells. Dadurch wird die Beseitigung des Cholesterins durch die Gallenwege begünstigt.
*** Richtiges Lachen hat den gleichen Entspannungseffekt wie das Autogene Training oder ein umfassendes Biofeedback-Training.
*** Lachen befreit die Lebenskraft. Ein Weg aus der Scham zum Urvertrauen.
Für alle Bibelkundigen: Im Alten Testament finden wir unter 1. Mose 21,6 die Stelle, als Sara erfährt, dass sie im hohen Alter ein Kind bekommen wird. „Und Sara sprach: Gott hat mir ein Lachen zugerichtet; denn wer es hören wird, der wird über mich lachen.“ Ihr Kind erhielt den Namen Isaak, was nichts anderes bedeutet als „Er lacht!“.
Auf die Frage, ob Jesus ein humorvoller Mensch war und gelacht hat, gibt die Bibel keine klare Antwort. Einige Theologen leiten aber aus Jesu Leben ab, dass er sehr wohl gelacht haben wird. So schreibt der Schweizer Pfarrer und Schriftsteller Kurt Marti, dass Jesus, der so oft mit allen möglichen Menschen zusammen tafelte und ihnen viele Liter Wein spendierte, auch herzlich gelacht und nicht griesgrämig in einer Ecke gesessen habe.
Auf jeden Fall gehöre Lachen zum endzeitlichen Gastmahl messianischer Erfüllung.

Also lacht, liebe Leserinnen und Leser!

Folgende Aussagen mögen uns noch mehr dazu ermutigen:

Die Behandlung bei Krankheiten sollte nicht schlimmer sein, als die Krankheit selber.

Was unterscheidet Mensch und Tier?
Das Lachen! Obwohl in Laborversuchen auch Ratten gekitzelt wurden, die dann gelacht haben.

Der Mensch ist sich dann am nächsten, wenn er den Ernst eines spielenden Kindes hat.
Heraklith

Lachen ist ein Spannungslöser, so kann Humor oft auch sprachloses Entsetzen überwinden!
Humor ist auch ein Weichzeichner, der die Dinge relativiert und mentale Distanz gibt. Deshalb brauchen wir ihn gerade in Krisenzeiten.
Bei Naturkatastrophen wurde in Studien untersucht, wie die Leute z. B. in Hawaii auf Vulkanausbrüche und Flutwellen reagiert haben. Die Leute machen sich darüber lustig, um sich gegen die negativen Emotionen zu schützen.
(Aus einem Interview mit John Morreall)

Das Lachen entstand beim Menschen, als wir in kleinen Stämmen lebten, und zwar als Signal dafür, dass etwas, was bedrohlich wirkte, nicht wirklich bedrohlich war. Das erklärt auch, warum Lachen ansteckend ist.

Vielleicht haben jene zeitgenössischen Theologen wie Henri Nouwen oder Harvey Cox doch Recht, die es wagen, an Jesus die Züge eines Clowns zu entdecken, eines Harlekins. Ihre Begründung: Wie ein Clown in der Zirkusparade reitet Jesus in Jerusalem ein, ein König ohne jede Macht. Wie ein Hofnarr begegnet er den Herrschern dieser Welt, Herodes und Pilatus: mit leisem Spott, ruhig und souverän. Seine Henker revanchieren sich, indem sie ihm hämisch ein Königsgewand anziehen.
Aus ***„Der im Himmel thront, lacht!"*** *–*
Gottes kämpferischer Humor / Bayern 2 – Radiowissen

Lächeln ist die beste Art, seinem Feind die Zähne zu zeigen.

Die Ernstwerdung eines Kindes ist an sich schon eine Krankheit.

Gott gab Dir ein Gesicht. Lächeln musst du selber.
Irische Weisheit

Gestern habe ich Gott getroffen.
Er war sehr nett.
Ich glaube, er mag mich.
Stefan Fry

Wie gut, dass wir heute leben

Bis zum 16. Jahrhundert war das Lachen verpönt, für einfache Leute sogar verboten. Es gab zwar den Narren, der als Stütze des Königs die Wahrheit sagen durfte. Allerdings musste er den König zum Lachen bringen. Sonst konnte es passieren, dass er einen Kopf kürzer wurde.

Vor allem die Mächtigen hatten in längst vergangenen Zeiten etwas gegen das Lachen der einfachen Leute. Hauptgrund war der Kontrollverlust.

Ich habe nicht gezählt, wie oft in der Bibel das Lachen erwähnt wird. Es soll 29-mal der Fall sein. Für so einen dicken Wälzer scheint mir das ein bisschen wenig zu sein. Mehr noch: von den 29-mal kommt es angeblich 13-mal aus Hohn, Spott und Verachtung vor. Du merkst, es gibt auch Formen des Lachens, die vielleicht dem Lachenden gut tun, dem Verlachten jedoch weniger. Man denke hier auch an die Schadenfreude (die soll bekanntlich die Schönste sein) und den Galgenhumor.

Zurück zu Jesus: Auch wenn in der Bibel nicht oft vom befreienden Lachen die Rede ist, können wir doch getrost annehmen, dass Jesus ein fröhlicher Mensch war, der das Leben genossen hat. Seine Vorliebe, mit einfachen Leuten beisammen zu sein und sein erstes Wunder, als er bei der Hochzeit zu Kanaan Wasser zu Wein verwandelt, zeigen doch, dass er der Freude nicht abgeneigt war. Mir gefällt, dass die Aufzeichnungen des Neuen Testaments auch „Frohe Botschaft“ heißen.

Von einem evangelischen Pfarrer im Ruhestand wissen wir, dass er seine Predigten gerne humorvoll und in Gedichtform vorträgt. In seiner Kirche darf also gelacht werden.

Ich finde es gut, dass wir in der Kirche auch klatschen, wenn uns etwas gut gefallen hat. Kritiker, die uns vielfach zu Recht vorwerfen, dass man den Christen nicht anmerkt, dass sie befreit sind, wird damit der Wind aus den Segeln genommen.

Bei uns in Dischingen feiern wir seit 2009 in der katholischen Kirche St. Johann Baptist einen Faschingsgottesdienst. Viele nehmen kostümiert daran teil. Pfarrer Dr. Dietmar Horst trägt seine Predigt in Versform zur Erheiterung der Gemeinde vor. So voll ist die Kirche selten, und hinterher wird noch lange davon begeistert erzählt.

Sich freuen wie die Torjäger

Obwohl ich von Fußball nur wenig verstehe, bin ich von der ausdrucksstarken Freude der Spieler begeistert. Hast Du schon mal bewusst zugeschaut, wie sich diese Sportler bei einem Führungstor in wahren Menschenknäueln umarmen? Sie springen einzeln und zu mehreren in artistische Höhen. Eigentlich gibt es doch dauernd auch für Nichtfußballer genügend Anlass zur begeisterten Freude. Wie aber wird sie ausgelebt? Dem Ärger räumen die meisten Leute viel mehr Platz und Zeit ein.

In meinem vorübergehenden Schreibdomizil treffe ich beim Warten auf die Massage öfters die gleiche Frau. Jedes Mal erzählt sie mir erregt ein ärgerliches Ereignis, in dem sie sich über einen Arzt in ihrem Heimatort beschwert. Dabei genießt sie gerade hier in Krumbad die beste Pflege und könnte darüber Romane der Dankbarkeit erzählen.

Den Schwaben sagt man die Überzeugung nach, dass „nicht geschimpft, genug gelobt“ (und gefreut!) sei.

Der Stuttgarter Alt-Oberbürgermeister Manfred Rommel war zu einer Lesung bei uns in der ARCHE. Eine seiner markanten Aussagen passt gut zu diesem Thema. „Die Schwaben klagen gerne, wie schlecht es ihnen geht. Doch wenn man es ihnen glaubt, dann sind sie beleidigt!“

Im Schreibasyl ...

Das Personal hier im Heilbad ist stets hilfsbereit und freundlich. Ich genieße es. Dieses Verhalten beweist mir wieder einmal, dass Freundlichkeit ansteckend wirkt. So sind auch fast alle Patienten hier trotz Beschwerden und Alter auffallend guter Dinge. Es wird im Speisesaal viel gelacht. Gestern fragte ich eine junge Bedienung, die ich wegen ihrer ansteckenden Fröhlichkeit besonders mag, ob ich ausnahmsweise noch einen Nachtisch bekommen könnte. Ich hätte mich über eine Ablehnung nach der Devise „Wo kämen wir hin, wenn das alle möchten?“ nicht gewundert. Doch es kam herzlich-spontan zurück: „Ja natürlich, gerne – aber wir verraten es niemandem!“

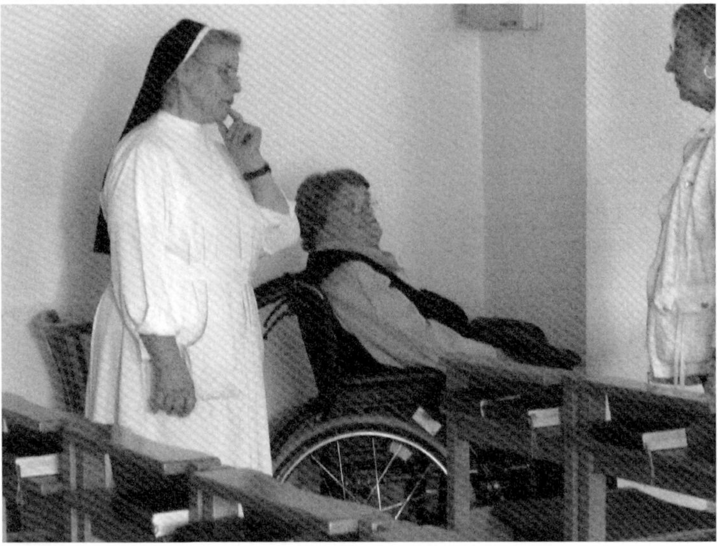

Ein Lächeln,
das ist Ruhe für den Ermüdeten,
Mut für den Niedergeschlagenen und
Trost für den Traurigen.
Ein Lächeln ist ein echtes Gegenmittel gegen Stress,
aber auch gegen alle Mühen des Alltags.
Verschenke Dein Lächeln!
Es kostet nichts und bewirkt vieles!
Es macht den reicher, der es erhält
und den nicht ärmer, der es verschenkt!
Es kostet nur einen Augenblick und wenig Kraft,
aber seine Wirkung ist oft verblüffend!
Und wenn man Dir ein Lächeln verwehrt,
das Du verdient hast,
sei großzügig –
verschenke das Deine!
Denn keiner braucht Dein Lächeln mehr,
als jener,
der sein eigenes nicht zu geben weiß!

Nach einer Dienstanweisung der Gendarmerie im Elsass
– mit einer kleinen Abänderung von Erika Kunz,
therapeutische Clownin.

Lachen ist der Stresslöser Nr. 1

Na, wie liest sich das? Lachen ist absolut entspannend. Gerade Frauen können beim herzhaften Lachen beinahe (oder tatsächlich) in die Hose pullern. Entspannter geht es ja nun wirklich nicht!
Kinder und Erwachsene mit kindlichem Gemüt, die sich die Erlaubnis zu befreitem Lachen geben, kugeln sich schon mal, wenn's richtig lustig ist. Eine beruhigende Tatsache ist, dass eigentlich jeder Mensch Humor hat. Bei dem einen bemerken wir es gleich, der andere geht zum Lachen in den Keller. Als Notlösung kann man sich auch als Hilfsmittel einen Lachsack kaufen. Der lacht immer und auf Befehl.
Am 4. Mai ist übrigens Weltlachtag.

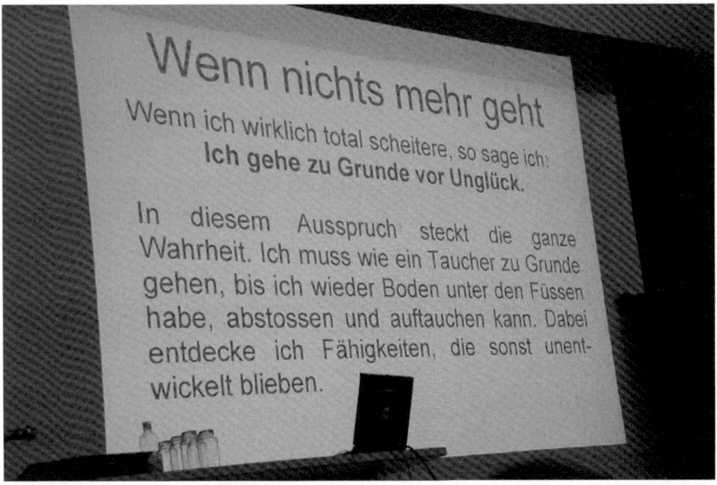

Da rief Jesus ein Kind herbei, stellte es in ihre Mitte und sagte: „Ich versichere euch, wenn ihr euch nicht ändert und den Kindern gleich werdet, dann könnt ihr in Gottes neue Welt überhaupt nicht hineinkommen.“

Matth. 18,2 und 3
Die Bibel in heutigem Deutsch.

Ein Plädoyer für die Schlagfertigkeit

Wie oft kommt es vor, dass jemand uns eine Frechheit oder Respektlosigkeit ins Gesicht sagt, und wir darüber so sprachlos sind, dass wir es unserem Gegenüber nicht sofort mit gleicher Münze zurückzahlen können? Schlagfertig ist man manchmal eben erst ein paar Minuten zu spät. Dabei kann eine spontane und schlagfertige Antwort viel Spannung aus einer Situation herausnehmen, wie die folgenden Beispiele zeigen sollen.

Vor nicht allzu langer Zeit hatten mich Landfrauen zu einem Vortrag ins Gemeindehaus eingeladen. Meine Bücherkisten wogen schwer und ich war unschlüssig, wen ich um Hilfe bitten könnte. Da sah ich am gegenüberliegenden Haus einen jungen Mann aus dem Fenster schauen. „Können Sie mir bitte helfen?", rief ich ihm zu. Doch er brummte nur zurück: „Da müssen Sie sich einen Dümmeren suchen!"
Ich wollte mich gerade über die unhöfliche Antwort ärgern, als ich mich eines Besseren besann. Ich ging ins Gemeindehaus und als ich wieder zum Auto zurückkam, rief ich erneut zu ihm hoch: „Jetzt müssen Sie mir doch helfen. Ich habe keinen Dümmeren gefunden!"

Die Predigt des Dorfpfarrers fällt viel zu lange aus. Es nimmt einfach kein Ende. Da schleicht sich ein Kirchgänger leise Richtung Ausgang. „Halt, mein Bruder! Warum gehst Du mitten in der Messe?" ruft ihm der Pfarrer nach. Der Mann antwortet: „Ich muss zum Frisör!" – „Hättest Du das nicht vor dem Gottesdienst erledigen können?" – „Nein, da war es noch nicht nötig!"
Die schwäbische Hausfrau war mit dem Frühjahrsputz

beschäftigt. Als ihr Mann fragte, was es denn zum Mittagessen gibt, antwortete sie nur „Ich habe keine Zeit, ich muss schaffen! Dein Essen steht im Kochbuch.“ Einige Zeit später fragte er: „Wann bist Du denn fertig?“ – Sie wischte gerade den Fußboden und murmelte nur von unten herauf: „Siehst Du nicht, dass ich am Schaffen bin?“ Inzwischen war es bereits Zeit fürs Abendbrot. Sein Magen knurrte. „Wie lange soll ich denn noch warten, bis ich was zu essen bekomme?“ „Hast du keine Augen im Kopf. Ich arbeite hier gerade im Schlafzimmer und beziehe die Betten. Außerdem hättest Du mich ruhig mal fragen können, ob Du was helfen kannst. Wenigstens was Nettes hättest Du mir mal sagen können.“
Da beschlich ihn das schlechte Gewissen und er überlegte fieberhaft, mit was für einem Kompliment er seiner Frau eine Freude machen könnte. Er schaute sie liebevoll an und sagte: „Klara, Du siehst heute so abgeschafft aus!“

Ein alter Bauer liegt im Sterben. Sein Leben lang war er nicht krank gewesen. Im ganzen Ort war er bekannt als ein fleißiger Mann. Doch jetzt musste es ihm gesagt werden, dass sein letztes Stündlein bevorsteht. Sie holten extra den Pfarrer, dass er es ihm schonend beibringen soll. Als der Geistliche aus dem Schlafzimmer kam, fragten die Frau und die Kinder: „Und Hochwürden, wie hat er es aufgenommen?“ – „Ganz gut, er meinte, dass ihn das auch nicht umbringt. Da hätte er schon Schlimmeres überstanden.“

Eine Stunde lachen ...

... kann hilfreicher sein, als „viele Meter“ Selbsthilfebücher zu lesen.

Im Laufe meines Engagements bei den »Freunden« und während meiner Vortragstätigkeit lernte ich viel zu viele Menschen kennen, die sich auf der Suche nach einem erfüllten Leben beständig um sich selber drehten. Sie besuchten fortlaufend Referate, Kurse, Seminare, Therapien. Sie lasen Bücher und Sprichwörter – und sie drehten sich immer nur um die eigene Achse.

Über all den Fortbildungen bilden sie sich fort – vom echten Leben.

Wer sich immer nur um sich selber dreht, gerät leicht aus dem Gleichgewicht. Es sei denn, er ist ein Derwisch. Man braucht einen stabilen Stand, bis sich die Mitte wieder eingependelt hat.

Im Schreibasyl ...

Hier gehe ich gerne am Abend zur Kirche, weil der Pfarrer zeitgemäße Themen in den Mittelpunkt seiner Predigt stellt und mutmachende Lösungen anbietet. Seine Bibelauslegungen sind so formuliert, dass sie als Lebensstütze umgesetzt werden können.
Heute sagte der Priester, dass er sich über die Aussagen eines hohen Politikers mit Vorbildfunktion geärgert hat. Dieser behauptete zur Weltwirtschaftskrise, dass wir alle über unsere Verhältnisse gelebt hätten.
Es war das kleine Wörtchen „alle", das auch mich ärgerte. Verallgemeinerungen sind nicht nur in diesem Zusammenhang gemeine Unterstellung. Der Priester erzählte noch von einer Verwandten, die von 600 Euro monatlich ihren Lebensunterhalt samt Miete bestreiten muss. Weil die gesellschaftliche Schere immer weiter auseinanderklafft, gibt es immer mehr sozial schwache Mitbürger, Hartz-IV-Empfänger und eine beständig wachsende Kinderarmut in Deutschland.

Freuen dürfen sich alle!

Wer mich kennt, weiß, dass ich die „Bergpredigt" besonders liebe. Gerade die Seligpreisungen „Freuen dürfen sich alle ..." gehen mir zu Herzen. Wenn Du die Bergpredigt noch nicht kennst, dann schau doch mal rein in das meistverkaufte Buch der Welt. Bei Matthäus 7.12 steht die Goldene Regel: „Behandelt die Menschen so, wie Ihr selbst von ihnen behandelt werden wollt – das ist alles, was das Gesetz und die Propheten fordern."
Bei Matthäus findest Du unter 22.37 das wichtigste Gebot. Es ist bescheiden und doch so anspruchsvoll: „Liebe den Herrn, Deinen Gott von ganzem Herzen, mit ganzem Willen und mit Deinem ganzen Verstand! Dies ist das größte und wichtigste Gebot. Aber gleich wichtig ist ein zweites. Liebe Deinen Mitmenschen wie Dich selbst!"
Ist das nicht grandios? Wie einfach könnte das Leben sein, wenn sich mehr Menschen, vor allem jene, die sich Christen nennen, an solche einfachen Lebensweisheiten halten würden?
Nun will ich ja mit meiner Lach- und Lebensgeschichte kein Bibelstudium anbieten. Doch die Stellen, die mir so viel Kraft geben, die möchte ich Dir nicht vorenthalten.
Nachdenklich stimmte mich, als ich schwer krank war, zum Beispiel Jesu Aussage „Dein Glaube hat Dich geheilt!" (Markus 10,52). Ich nahm sie wie einen Strohhalm wörtlich und sehr persönlich.
Folglich könnte es ja sein, dass ich durch den falschen Glauben (die kraftraubende Lebenseinstellung) krank geworden bin? Solche Überlegungen möchte ich allerdings nur als meine Meinung und nicht als Rechthaberei verstanden wissen.
Seit wir an einem Bibelkreis teilnehmen, staune ich jedes

Mal, wie verschieden wir gemeinsam mit unserem Pfarrer überlieferte Aussagen deuten können.
Als Siggi und ich im Jahr 1984 im Alten Testament das Buch Kohelet (Prediger) für uns entdeckten, änderte sich bei uns von heute auf morgen sehr viel. Folgende Stelle führte zusammen mit meiner akuten Hitzeempfindlichkeit unmittelbar zur Absage unserer damals geplanten Reise nach Jugoslawien: „Wirf dein Hab und Gut ins Meer; trotzdem kann es sein, dass du es nach langer Zeit wieder findest. Bring dein Geld an allen möglichen Plätzen in Sicherheit; trotzdem kann es sein, dass ein Unglück über das Land kommt und alles verloren geht.“ (Koh.11.1-2).
Wir starteten daraufhin die Hilfsaktion für einen Rollstuhl-Treppenaufzug für unsere Freundin Thekla. Kurz darauf gründeten wir die Aktion »Freunde schaffen Freude e. V.«
Im Buch Kohelet sind die Einsichten des Lehrers aufgeschrieben. Er war ein Sohn Davids und König in Jerusalem. Er berichtet über seine Wahrnehmungen und zu welchen Ergebnissen er gekommen ist: Seine Hauptaussage lautet: „Alles ist vergeblich und Jagd nach dem Wind!“
Nun kann ich ja nicht die ganze Bibelstelle abschreiben. Doch eine Aussage finde ich zu schön, als dass ich darauf verzichten möchte: „Zwei sind allemal besser dran als einer allein. Wenn zwei zusammen arbeiten, bringen sie es eher zu etwas. Wenn zwei unterwegs sind und hinfallen, dann helfen sie einander wieder auf die Beine. Aber wer allein geht und hinfällt, ist übel dran, weil niemand ihm helfen kann. Wenn zwei beieinander schlafen, können sie einander wärmen. Aber wie soll einer allein sich warm halten? Ein einzelner Mensch kann leicht überwältigt werden, aber zwei wehren den Überfall ab. Noch besser sind drei; es heißt ja: Ein Seil aus drei Schnüren reißt nicht so schnell.“ (Koh. 4.9-12)

Im Schreibasyl ...

Als ich nach einem Spaziergang bei strömendem Regen auf dem Heimweg war, sah ich am Weg eine alte Frau auf einer Bank sitzen. Zuerst ging ich weiter. Dann kam es mir doch komisch vor und ich kehrte um: „Ist es Ihnen nicht kalt?" Ihr liefen die Tränen übers Gesicht. „Doch, aber ich schaffe den Rückweg nicht, ich muss erst ein wenig ausruhen."
Ich bot ihr meinen Arm an und gemeinsam gingen wir mit kleinen Schritten die leichte Anhöhe zur Rezeption hinauf. Zuerst zierte sie sich „Nein, das kann ich doch nicht annehmen. Sie können doch viel schneller als ich laufen." Ich dachte mir: „Sie haben ja keine Ahnung. Vielleicht sieht man es mir nicht gleich an, aber ich brauche oft Siggis Arm zum Durchhalten."
Nebenher erzählte sie mir von ihrem sehr einsamen, beschwerlichen Leben. Sie freue sich auf ihren großen Garten. Dort würden jetzt Hunderte bunter Krokusse blühen. Auf meine Frage, ob sie denn auch Familie habe, antwortete sie zögerlich: „Früher besuchten mich meine Enkel. Jetzt wohnen sie weit weg. Sie haben halt immer viel zu tun."

Dinosaurier sind mitten unter uns

Zu Zeiten des Neandertalers (oder noch früher) schickte die Ur-Frau ihren Mann hinaus in den Wald. Emanzipation war damals nicht das große Thema. Er sollte das Mammut erlegen, damit die Sippe was zu essen hat. Das war für alle ein höchst gefährliches Abenteuer, denn sie hatten damals nur sehr bescheidene Waffen. Das Mammut oder der Säbelzahntiger waren riesig, und während die Männer unterwegs waren, schauten die Tiere auch bei den Frauen und den Kindern in der Höhle vorbei ...

Bei großer Gefahr gab es für die Jäger und ihre Familien eigentlich nur drei Möglichkeiten für einen Rettungsversuch: Flucht, Angriff oder Erstarrung.

Fällt Dir etwas auf? Wir reagieren bei Gefahr noch immer mit den gleichen Methoden wie unsere Vorfahren:

– Wir geben auf, ziehen uns zurück. Ich sagte früher immer: „Da gehe ich, das habe ich doch nicht nötig!"

– Wir kämpfen aggressiv um unser Recht. Noch niemals gab es so viele Streitereien, Rechtschutzversicherungen und so viele Prozesse wie heute.

– Wir sind der ganzen Sache nicht gewachsen und erstarren in der Depression oder Resignation.

Die Sterbeforscherin Elisabeth Kübler-Ross (1926 – 2004) spricht von unterschiedlichen Phasen, die wir bei Schicksalsschlägen wie schwerer Krankheit, Todesfall, Arbeitslosigkeit, Trennung immer wieder emotional durchlaufen, bis wir die neue Situation annehmen können: Verleugnen, Wut, Auflehnung, Verzweiflung, Akzeptanz. Habe ich etwas vergessen?

Als ich 1982 die Diagnose der schweren Erkrankung erhielt, versuchte ich immer wieder, so zu tun, als hätte ich das alles im Griff. Wenn allerdings die Beschwerden sehr

schmerzhaft wurden, lehnte ich mich auf und wurde wütend – auf mich und auf die Krankheit und auf das Leben überhaupt. Da fragt man sich: „Warum gerade ich?“ Dabei könnten wir uns auch fragen: „Warum nicht ich?“
Zeitweise war ich so verzweifelt, dass ich Tag und Nacht überlegte, wie ich aus dem Leben scheiden könnte. Damals habe ich wenig bis gar nicht gelacht.
Und eines Tages – das war an diesem 6. Juni 1984 – war plötzlich alles anders. Meine Ängste waren einem unerklärlichen Gottvertrauen gewichen. Meine Verzweiflung verwandelte sich in Zuversicht, meine Wut wurde zur Liebe für mich und meine Mitmenschen. Ich konnte meine Krankheit annehmen. Ab da ging es mir von Tag zu Tag besser.
Doch solche Phasen der Angst, Verleugnung, Wut, Auflehnung, Resignation, Verzweiflung bis hin zur Akzeptanz sind damit nicht endgültig aus der Welt. Bei neuen Herausforderungen können sie einen immer wieder heimsuchen, wie der Dieb in der Nacht. Doch als Clown weiß ich auch, dass Mut zum Scheitern hilfreich sein kann.

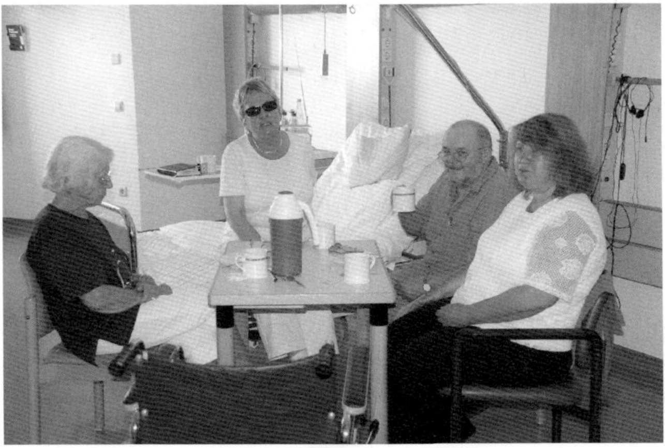

Andersgläubige Freunde

Wir haben muslimische, buddhistische und jüdische Freunde und wir verstehen uns sehr gut. Hasan, der schon oft mit uns am Heiligen Abend gefeiert hat, sagt immer: „Dein Gott und mein Gott sind ein Gott – und der will, dass sich die Menschen lieben."

Unsere jüdischen Freunde leben seit dem Nazi-Regime in Brasilien. Sie unterstützen unsere »Freunde«-Aktion auch als Mitglieder. Rut erklärte auf meine Frage, warum sie in einem reichen Land wie Deutschland Geld spendet, wo es doch in ihrer Wahlheimat Brasilien so viel Not gibt: „Man muss immer dort, wo einem Böses widerfahren ist, Gutes tun, damit sich das Gute vermehren kann". Ruts Verwandte mussten in Deutschland viel Schreckliches erleben.

Sei Du selbst!

Nach meinen Vorträgen werde ich öfters gefragt, ob ich denke, dass man zu einem erfüllten Leben unbedingt Christ werden muss? Das beantworte ich am liebsten mit einer frei nacherzählten kleinen jüdischen Geschichte:

„Selbst sein!"
Rabbi Sussja sprach einst zu seinen Schülern. „Am Ende wird man mich nicht fragen: Warum bist Du nicht wie ein Mose gewesen, der große Führer des Volkes. Man wird mich auch nicht fragen: Warum bist Du nicht wie Elija gewesen, der Prophet wie Feuer? Aber man wird mich fragen: Warum bist Du nicht Du selbst gewesen? Warum bist Du nicht Rabbi Sussja gewesen?"

Setze ruhig mal Deinen eigenen Namen anstelle dem von Sussja in der Erzählung ein und spüre ein wenig nach.
Es geht nicht darum, dass ich sage, was Du tun sollst. Jeder Mensch geht seinen eigenen Weg. Zu diesem Weg der Selbstwerdung gehört auch die Selbstannahme – mit unseren Licht- und Schattenseiten.
Viktor E. Frankl (1905 – 1997), der Wiener Arzt und Psychotherapeut und der Begründer der Logotherapie, sagte: „Wer den Sinn seines Lebens gefunden hat, erträgt fast jedes Wie – ein Leben mit Höhen und Tiefen." Dr. Frankl hat über seine schwere Zeit im Konzentrationslager innerhalb weniger Tage nach seiner Befreiung das Buch „Trotzdem ja zum Leben sagen!" geschrieben. Ich kann es nur empfehlen.
„Binde Deinen Karren an einen Stern", hat Leonardo da Vinci geraten. Im „Ursberger Josefsboten" 3/2008 schreibt Pfarrer Karl Heidingsfelder – und das ist auch mein per-

sönliches Bekenntnis: Für uns Christen ist der Leitstern unseres Lebens eine Person: Jesus Christus. In meinem tiefsten Inneren – in meinem Selbst – wohnt Er. Es ist der Raum in mir, zu dem nur ich allein Zutritt habe, von dem Paulus bekennt: „Nicht mehr ich lebe, Christus lebt in mir“ (Gal. 2,20).

Vortragsbesuch von P. Anselm Grün OSB anlässlich des 25-jährigen Jubiläums der »Freunde« im Oktober 2009.

Rocky und das Happy End

Heute kann ich in aller Gelassenheit und innerer Ruhe sagen, dass es gut war, was ich alles an Schönem und Schrecklichem erleben durfte. Dadurch lernte ich, möglichst alle Menschen so anzunehmen, wie sie nun mal sind. Liebe ist ein großes Wort! Doch ich stehe dazu, dass ich meine Mitgeschöpfe auch liebe. Nur finden nicht alle – und diese Ehrlichkeit ist mir wichtig – Verhaltensweisen meine Zustimmung.

Dazu fällt mir ein Beispiel aus der Zeit ein, als unser Sohn Oliver noch zur Schule ging. Weil Siggi beruflich unterwegs war, begleitete mich Oliver zum Verkaufen in die Fußgängerzone nach Göppingen. Kaum hatten wir unsere Schmuck- und Lederwaren ausgebreitet, kam ein junger Mann – eine verwegene Schlägertype – zu uns hinter den Verkaufstisch. Er lehnte sich so kräftig dagegen, dass alles durcheinander rutschte. Dann stellte er seine Bierflasche zwischen die Geldbörsen und redete laut und wirr daher. Die Leute trauten sich nicht mehr zu uns und wir verkauften in dieser Zeit rein gar nichts.

Oliver und ich überlegten verzweifelt, wie wir mit der schwierigen Situation umgehen sollten. „Wenn wir den blöd anmachen, haut der uns alles kurz und klein“, war unsere einhellige Meinung. Die Polizei konnten wir auch nicht einschalten, denn es war ja (noch) nichts passiert. Am nächsten Morgen kam er wieder. Ich bat ihn zur Seite und ließ Oliver alleine am Verkaufsstand zurück. Vermutlich war er durch mein höfliches Verhalten verdutzt, denn er folgte mir ohne Pöbelei. Ich schaute ihm ins Gesicht und sagte ruhig und deutlich, dass wir und auch die Kunden vor ihm Angst hätten und dass seine Anwesenheit unser Geschäft schädigen würde. Das wäre uns mehr als unangenehm.

Dann unterbreitete ich ihm ein Angebot. Er könne was für uns tun, wenn es ihm bei uns so gut gefalle. Natürlich nur, wenn es gerne möchte. Er war spürbar sauer und mir war ziemlich mulmig dabei. Doch ich hielt seinem aggressiven Blick und der Alkoholfahne stand. Ich schaute ihn weiterhin direkt und freundlich an. „Wir könnten abends so gut einen starken Mann brauchen, damit das Abbauen schneller geht und wir heimfahren können. Und morgens zum Aufbauen auch. Doch das wird vielleicht zu früh sein für Sie? So um 8 Uhr? Und tagsüber sollten Sie vom Verkaufsstand wegbleiben."
Er verschwand wortlos. Am Abend kam er nicht, am nächsten Tag war Rocky jedoch pünktlich um acht am Platz. Und fortan jeden Morgen und jeden Abend. Einige Wochen später stellte ich ihm Siggi bei einem Cafébesuch vor. Rocky war merklich geknickt. Er meinte, wir sollen doch weiterhin kommen, er hätte uns so gerne geholfen.
Gerade schwierige Mitmenschen brauchen vielleicht am meisten unsere Liebe und ein gutes Wort. Das Happy End mit Rocky bestärkt mich in meiner Haltung.
Nicht ganz so happy verlief die Begegnung mit Hansi. Ich erzähle das Erlebnis mit Hansi, dem Hippie, weil es kein Allheilmittel für den Umgang mit unseren Mitmenschen gibt.
Es war noch zu jenen Zeiten, als ich abends gerne zum „Abtanzen" ging. Dabei wurde es jedes Mal später, als ich es mir vorgenommen hatte. Das Lokal gehörte meinem Chef, bei dem ich im Architekturbüro arbeitete, und unser Musikgeschmack war identisch: Rolling Stones, die Doors und die ganze Hitliste der Rock- und Pop-Musik rauf und runter.
Tanzen war mein Leben. Mit zu meinen schönen Jugenderinnerungen gehört heißer Rock'n'Roll mit Überschlag.

Mit der Krankheit schwanden meine Kräfte und ich musste auf das geliebte Tanzen verzichten. Daran hat sich leider bis heute nicht viel geändert. Doch den Rhythmus habe ich noch immer im Blut. Sollte ich eines Tages in einem Pflegeheim enden, wünsche ich mir lieber eine Rockgruppe mit „I can't get no satisfaction“, als volkstümliche Lieder.
Zurück zur Disco an jenem Abend vor mehr als dreißig Jahren. Als ich gerade heim wollte, bat mich ein langhaariger Junge, Hansi, für eine Nacht um Schlafasyl. Er sei daheim rausgeflogen, weil er den ganzen „Konsumshit“ seiner Eltern ablehnte. Solche Asyl-Gefälligkeiten waren damals selbstverständlich. Ich bot ihm das Sofa in der Wohnküche zum Schlafen an. Sein Äußeres war ziemlich ungepflegt, weshalb ich ihm nahe legte, auf das Ausziehen der Kleider und vor allem der Schuhe zu verzichten.
Beim Frühstück schimpfte Hansi wieder über die reichen Leute. Er würde sehr bescheiden leben und brauche nicht viel. Er schwelgte in Eigenlob auf seine Gesinnung, futterte aber wie ein Waldarbeiter. Außerdem würde er kein Blatt vor den Mund nehmen und immer die Wahrheit sagen.
Am folgenden Wochenende begegnete ich Hansi erneut. Er sah schlecht aus. Auf meine Nachfrage legte er in weinerlichem Ton los: „Ich habe so einen Macker um Übernachtung gebeten. Am nächsten Morgen fragte der mich, was ich von ihm halten würde. Ich solle ihm ruhig, so wie es meine Art wäre, die Wahrheit sagen. Ja, das habe ich dann getan. Dann hat er zugeschlagen und nun fehlen mir zwei Zähne!“
Hansi ist aus unserem Blickfeld verschwunden, doch seine Geschichte mit der Wahrheit und der schlagkräftigen Reaktion zeigen deutlich, dass es Sinn macht, mit der Mitteilung von Wahrheiten bedacht umzugehen. Vorsicht ist besser als eine teure Zahnarztrechnung.

Durch Schenken ist noch niemand arm geworden

Die Weltwirtschaftskrise hat die ganze Erdbevölkerung fest im Griff. Die ganze Erdbevölkerung? Da sind zum einen skrupellose Manager, die ihre Schäflein im Trockenen haben. Große Teile der Menschheit sind dagegen von Arbeitslosigkeit und Armut betroffen.
Da wirkt eine Meldung in der Südwestpresse wie eine Wohltat: „Hilfsbereit wie nie zuvor: In der Krise entdecken viele US-Bürger wieder den Sinn für das Gemeinwohl." Es wird über Beispiele gelebter Nächstenliebe erzählt. Ein Millionär verteilt Lebensmittelpakete an Familien mit Kindern. Ein Autohändler, der jeden Tag durch die Krise viel Geld verliert, hat trotzdem seine Mitarbeiter nicht entlassen. Im Gegenteil: er hat noch Leute eingestellt. Er wird zitiert mit den Worten: „Wenn wir ausgerechnet in schwierigen Zeiten nicht für unsere Freunde, Kollegen und Nachbarn da sind, kommen wir erst recht nicht aus der Krise".
Wir haben so vieles, was in Amerika bereits gescheitert ist, trotzdem übernommen. Wir können uns nur wünschen, dass auch dieses gute Beispiel bei uns Nachahmung findet.
Auch bei den »Freunden« gibt es viele Zugehörige, die finanziell auf der Schattenseite stehen müssen. Doch wurde von denen noch keiner dadurch reicher, dass er geizig jeden Cent zweimal umgedreht hat. Freigiebigkeit zahlt sich auch im Kleinen aus. Wer einen Euro an einen noch Ärmeren verschenkt, läuft höchstenfalls Gefahr, einen Euro weniger zu besitzen. Doch die Chance, dass auch ihm Gutes widerfährt, ist um Nummern größer.
Übertriebene Sparsamkeit und Geiz lassen spürbar ärmer werden, es sei denn, man heißt Dagobert Duck. Doch Großzügigkeit vermittelt uns das Gefühl von Reichtum. Probier es einfach mal aus!

Im Schreibasyl ...

So ein Zufall. Heute ist in der ARCHE offenes Liedersingen. Ich zog sogar in Erwägung, mich für ein paar Stunden auf „Heimaturlaub" abholen zu lassen. Doch dann verwarfen wir den Gedanken, zumal ich ja selber nicht so sehr der Volkslied-Fan bin, sondern das Singen hauptsächlich deshalb mag, weil ich singende Gemeinschaften so lebenslustig finde.

Als ich vom Abendessen zurück in mein Zimmer wollte, hörte ich aus dem großen Speisesaal fröhliche Akkordeonklänge und dazu ein munteres Volkslied aus vierzig Kehlen. Überwiegend betagte Hausgäste saßen in froher Runde beisammen, in ihrer Mitte ein über 80-jähriger Musikant, der übers ganze Gesicht strahlte. Alle wirkten sie frohgemut und ich stellte wieder einmal fest, dass Lachen jung und schön macht.

Ich setzte mich zu einer Mutter mit ihrem Sohn, der das Down-Syndrom hat. Dann fühlte ich mich wie daheim bei den »Freunden«. Und morgen Abend solle ich unbedingt wiederkommen. Dann wäre Wunschkonzert und ich könne mir mein Lieblingslied wünschen. Ich weiß schon was: „Wahre Freundschaft soll nicht wanken ...". Früher habe ich immer über Volkslieder gelästert, weil es beim deutschen Liedgut in fast jeder letzten Strophe um Sterben und Tod geht.

Ein Zivi und sein Musikwunsch

Wenn zu uns in die ARCHE Seniorengruppen auf Besuch kommen, ist meistens ein Zivi mit dabei. Diese jungen Männer – oder auch Mädchen im Freiwilligen Sozialen Jahr – sind meist unheimlich nett. Da brechen schnell alle Vorurteile zwischen Jung und Alt weg, wenn sogar Punks mit bunter Haarpracht Dienst am Nächsten tun.
An einem dieser Nachmittage bei Kaffee und Kuchen in der ARCHE saß Mike, der Zivi, mit dabei, half freundlich hier und da, und hörte zu, wie Volkslieder gesungen wurden. Ich fragte ihn, was denn er für eine Musikrichtung bevorzuge. Da wir seine Favoriten nicht in unserer CD-Auswahl hatten, holte er sein Handy hervor. Per Mikrophon kündigte ich an, dass es doch schön wäre, wenn wir nun gemeinsam mal die Musik von Mike anhören würden – sozusagen als Dankeschön für seine geduldige Fürsorge.
Kaum pochte der dumpfe Bass aus den Boxen, riefen die Alten „Aufhören. Ruhe. Schaltet den Lärm aus, da kann man sich ja nicht unterhalten!“ – Mike drehte den Ton ab und ich konnte es mir nicht verkneifen, darauf hinzuweisen, dass es wichtig ist, dass wir uns für den Geschmack der Jugend interessieren. Denn sie müssen sich schließlich um uns kümmern. Und das geht besser, wenn wir uns gegenseitig tolerieren.

Südamerikanische Erinnerungen

Bei unseren Verwandten in Brasilien erlebten wir vier, auch manchmal bis zu fünf, Generationen unter einem Dach. Unten im Keller dröhnte Popmusik, im Wohnzimmer genehmigten sich die Senioren ihren Mittagsschlaf, im Esszimmer wurde Karten gespielt, überall krabbelten kleine Kinder mit ihren Spielsachen herum, dazwischen bellte Dunga, der Mischlingshund. In der Küche erledigten ein paar Fleißige bei reger Unterhaltung und heißen Sambarhythmen den Abwasch. Das deutsche Modewort „Generationenübergreifendes Wohnen" kannte dort niemand. Es war ganz einfach normal, dass Urenkel, Enkel, Kinder, Eltern, Großeltern und Urgroßeltern in diesem großen Haus beisammen waren.

Dabei fließt bei meinen Verwandten auch deutsches Blut in den Adern, denn die Urgroßeltern sind nach dem Ersten Weltkrieg nach Brasilien ausgewandert.

Als Siggi und ich von einem Besuch aus Brasilien zurückkamen, ließ uns ein Gedanke nicht mehr los: Wir wollten für eine Weile aus unseren Berufen als Fotograf und Sekretärin aussteigen.

In Südamerika hatten wir Gefallen an schönen Lederhandarbeiten gefunden. Die wollten wir nun selber herstellen und auf Märkten und Messen anbieten. Wir arbeiteten Tag und Nacht und unser Geschäft mit „Schönem aus aller Welt" lief innerhalb kurzer Zeit sehr gut. Was man mit Begeisterung und Ausdauer betreibt, scheint doch große Chancen auf Erfolg zu haben.

Als wir so in unserem Verkaufswagen standen, zogen Scharen von Menschen an uns vorbei. Geradezu auffallend war, dass die Leute „draußen" größtenteils in spezielle Grüppchen aufgeteilt waren: Hier die Senioren, dort die Jugendlichen, dann eine Gruppe Rollstuhlfahrer mit ihren „Schiebern“, dort eine Wohngemeinschaft geistig Behinderter mit ihren Betreuern. Und natürlich unzählige Paare und Einzelgänger. „Man müsste die ‚vermischen‘, dann könnten sich alle gegenseitig helfen und miteinander Spaß haben“, war unsere Theorie.

Ein Blinder könnte doch einen Rollstuhlfahrer schieben, eine bessere Ergänzung gäbe es doch gar nicht. Außerdem ärgerte ich mich, wenn sich die einen als großartige Helfer aufführten und die anderen wie dumme Hilfsempfänger behandelt wurden. Gerade bei Rollstuhlschiebern fiel mir das besonders auf: Der Schieber bestimmt in den allermeisten Beziehungen, was angeschaut wird und wie lange man vor einer Auslage verweilt. Ein weiterer Kritikpunkt war, dass Jung und Alt so auffallend getrennt unterwegs waren. Unweigerlich musste von mir der Satz kommen: „Da müsste man doch was machen können!“

Aber wer ist „man“?

„Man“ hat sich nicht freiwillig gemeldet. So änderte sich rein gar nichts, bis ich selber schwer erkrankte. Zwar lernten wir auf dem Markt unsere Freundin Thekla und die Aalener AMSEL-Gruppe kennen, die Aktion Multiple Sklerose Erkrankter. In den ersten Jahren spielten wir uns mit Benefiz-Aktionen an unserem Verkaufsstand auch als die so genannten „Guten“ auf. Doch 1984 starteten wir die Sammlung für einen Rollstuhltreppenaufzug für Thekla. Das war die Geburtsstunde der Aktion »Freunde schaffen Freude«.

Schlag auf Schlag folgten Einladungen über die Presse an alle Mitbürger, die an einem würdigen Miteinander zwischen Kindern, Jungen, Alten, Kranken, Gesunden, seelisch-körperlich-geistig Behinderten, Gruppen, Einsamen, solchen und anderen Menschen mitwirken wollten.

„Wenn Du ein Problem hast, versuche es zu lösen. Kannst Du es nicht lösen, dann mache kein Problem daraus.“

Buddha

Ein kleiner Hase

Ich denke an eine alte Frau im Pflegeheim. Wir waren mit einer »Freunde«-Gruppe zu einem lustigen Besuch dort. Zum Abschluss gab es noch gemeinsam mit den Bewohnern Kaffee und Kuchen. Neben mir saß eine gebrechliche Greisin. Sie rührte das Tortenstück lange nicht an. Dann fragte ich, ob ich ihr die Torte füttern solle. Sie nickte zustimmend. Nun strengen mich zwar solche Bewegungen an, aber ich wollte „die gute Inge sein" und schob der Frau kleine Tortenstückchen in den Mund. Für eine kleine Weile ließ ich mich von einer anderen Frau in ein Gespräch verwickeln und vergaß dabei die Greisin samt Torte. Als ich mich ihr wieder zuwandte, war ihr Teller leer. Sie hatte alleine weiter gegessen. Ich musste so lachen und auch sie verzog ihr Gesicht zu einem zarten Lächeln.

Ein anderes Ereignis mag verdeutlichen, wie leicht Erinnerungen mit der Gegenwart vermischt werden können. Siggi und ich wohnen in einem alten Bauernhaus. Der frühere Hühnerstall wurde von unseren Nachbarn für die Tierhaltung mitbenützt.

Eines Tages stand in diesem Stall ein Käfig mit einem grauen Häschen drin. „So ein kleiner Kerl, der kann sich gar nicht wehren in dem dunklen Stall. Wenn er gemästet werden soll, muss er bei seiner jetzigen Größe noch lange allein dort sitzen", dachte ich voller Mitleid. Ich war tieftraurig und konnte von morgens bis abends an nichts anderes mehr denken, als an den kleinen Hasen. Da tauchte in meiner Erinnerung die „kleine Inge" auf, die früher öfters über Nacht ins Klo eingesperrt wurde, wenn sie nicht brav gewesen war. Ich fühlte mich damals auch sehr alleine und wehrlos ausgeliefert.

Mir blieb nichts anderes übrig, als mit den Nachbarn ein

offenes Gespräch zu führen. Sie respektierten meinen Wunsch und verschenkten die kleine Kreatur an einen Bauern. Dort lebte er gemeinsam mit anderen „Leidensgenossen“, und wenn sie nicht gestorben sind ...
Mein Mitgefühl konzentriert sich auf alle Lebewesen, die sich nicht selber helfen können. Das sind vor allem Kinder, aber auch behinderte und pflegebedürftige Menschen. Bei Einsamkeit durch Todesfall im engsten Familienkreis oder wenn jemand psychisch erkrankt ist, kann ich mich stark einfühlen.
Doch zwinge ich niemand mit meinen Lebensansichten zu einem „Glück“ nach meiner Fasson. Mir genügt es, wenn ich meine Anteilnahme und mein Interesse ausdrücken kann. Wer mehr von mir wissen möchte, darf es jedoch gerne sagen.

„Die Menschen belasten Dich?
Trag sie nicht auf den Schultern.
Schließe sie in Dein Herz."

Don Helder Camara

Im Schreibasyl ...

Gestern Abend hat sich hier im Heilbad ein Mann zu meinem Büchlein „Plötzlich war alles anders" geäußert. Zuerst sagte er mir, dass es ihm sehr gut gefalle und dass es ihn an sein eigenes schweres Leben erinnere. Durch einen plötzlichen Tod hat er seine Frau in jungen Jahren verloren, und sein Sohn, der einmal den elterlichen Bauernhof übernehmen sollte, kam bei einem Verkehrsunfall ums Leben. Der Vater war nach diesen Schicksalsschlägen verzweifelt und überfordert. Erst nach Jahren fand er zurück zu einem tiefen Glauben. Daraus zieht er heute seine ganze Lebenskraft und Freude.
Jetzt kann er wieder musizieren und im Gesangverein mitsingen. „Einmal saß ich nach der Singstunde noch mit meinen Freunden zusammen. Da erzählten sie Witze. Plötzlich merkte ich, dass ich laut gelacht habe. Ich bin ganz erschrocken. Ich fragte mich: darf ich denn nach allem, was passiert ist, überhaupt noch lachen? Heute weiß ich, dass das Leben weitergehen muss. Hätte aber damals jemand zur mir gesagt, dass Lachen gesund ist, wäre ich lieber verzweifelt."

Bester Schutz vor dem Altwerden

Kosmetikprodukte und Arzneimittel mit viel versprechenden Zusagen finden immer Käufer. Sich einfach nur mit Eincremen und ein paar Pillen vor dem unvermeidlichen Älterwerden und seinen Konsequenzen zu schützen, erscheint geradezu ideal und äußerst bequem. Aber der beste Schutz vor dem Altwerden ist nicht ganz so bequem, wie wir es gerne „frei Haus" und ohne Anstrengung geliefert bekommen würden.
Erkundigen wir uns doch, wie sich alte Menschen geistig rege und fit gehalten haben. Ich denke nicht unbedingt an solche Ausnahme-Genies wie den 100-jährigen Marathon-Läufer, der durch seine Teilnahme am Berlin-Lauf berühmt wurde.
Ich will eine kleine Auswahl der Antworten verraten: Eine kindliche Frohnatur bleiben, neugierig und interessiert sein, Gemeinschaft pflegen, sich für andere – ob Mensch oder Tier – engagieren, immer wieder mal was anderes ausprobieren, in regelmäßigem Kontakt zu anderen Menschen bleiben, sich auch mal ärgern, körperliche Ertüchtigung (auch als Sturzprophylaxe).
Ganz obenan steht trotz aller hilfreichen Abwechslungen: ein geregeltes Leben führen.
Siggi hat einmal unsere betagte Freundin Edith zu einem Besuch im Heilbad Krumbad mitgebracht. Auf meine Frage, was sie heute anders als früher machen würde, wenn es die Gelegenheit dazu gäbe, sagte sie ohne großes Nachdenken: „Wenn ich mit meinen Freundinnen und Freunden telefoniere, sagen wir oft, wir hätten uns viel öfters treffen sollen!"
Von lang anhaltendem Fernseh- und Internetkonsum, von sinn- und nutzlosem Rumhängen, hörte ich bei meinen

Recherchen nichts erwähnenswert Positives. Eher das Gegenteil!
Über die fünf Ordensschwestern im Heilbad Krumbad, die längst im Rentenalter sind, kann ich nur staunen, wenn sie in der Verwaltung und in der Hausreinigung tagtäglich aktiv sind. Da fällt mir auch die über 90-jährige Ordensschwester Maria ein. Mit ihr pflege ich seit 20 Jahren Brieffreundschaft. Wir lernten uns über „Bund ohne Namen" kennen. Bis weit über 80 war sie hauptberuflich in Südafrika in einer Krankenstation und bis vor ein paar Monaten vollzeitlich in der Altenpflege tätig. Es gibt nur eine überschaubare Anzahl von Ordensleuten, die krankheitsbedingt mit 65 in den Ruhestand treten oder an Alzheimer leiden. Ich bin der festen Meinung, dass das sinnerfüllte, geregelte Klosterleben in Gemeinschaft wohltuend ist. Nun können wir deshalb nicht alle ins Kloster eintreten, aber wir können uns was „abgucken".
In einer bekannten Fernsehzeitschrift entdeckte ich ein Foto von einem alten Menschen mit einer Katze auf dem Arm. Dem Text dazu entnehme ich, dass die Mediziner am Alzheimer Zentrum der Rush-Universität in Chicago in einer mehrjährigen Studie mit 800 Senioren zu dem Ergebnis gekommen sind, dass Alzheimer durch Einsamkeit gefördert wird und dass Tiere dem vorbeugen können. Ob Tier oder Mensch – andere Lebewesen fördern die geistig-seelische und körperliche Gesundheit. Außerdem kann man mit ihnen lachen, was ja – wie wir inzwischen immer wieder festgestellt haben – für das gesundheitliche Wohlbefinden mehr als förderlich ist.

Im Schreibasyl ...

Heute verspürte ich das erste Mal so richtig Heimweh. Ausgelöst wurde dieses Gefühl durch einen Vogel. Im Innenhof des Heilbads Krumbad steht eine hohe Akazie. Am Stamm sind drei Starenkästen angebracht. Diese „Nistappartments" sind heiß begehrt und vor einem saß über eine Stunde ein Starenmännchen. Er tirillierte in den höchsten Tönen und plusterte seinen Brustkorb auf. Mit diesem Macho-Gehabe wollte er sich bestimmt bei allen umherfliegenden Weibchen anbiedern. Wenn es zudem noch ein schwäbischer Star ist, dann protzt er wohl auch mit seiner Immobilie, die er mit in die Ehe bringen wird.
Da kam ich ins Grübeln: Ob wohl unsere Staren daheim auch schon da sind und ob sie das Nest im Haus bereits bezogen haben? Unsere Vermieter verlegten extra ein Rohr durch die Hauswand, das in einer luxuriösen Starenvilla auf dem Dachboden mündet. Im Herbst wird die Brutstätte gereinigt und in froher Erwartung aufs Frühjahr gleich wieder mit Heu ausgepolstert. Wenn die Staren anreisen, wird es Frühling. Unsere Starenfamilie erfreut uns bis zum Abflug im Spätsommer auf der Telefonleitung mit den schönsten Gesängen. Ja, ich weiß, dass ich weiter vorne geschrieben habe, dass Vögel nicht wegen uns Menschen singen. Trotzdem klingt es halt so wunderschön nach Frühling und Liebe.
Mein selbst gewähltes Alleinsein und die Ruhe gehen mir plötzlich auf die Nerven. Allerdings möchte ich jetzt auch nicht mit irgendjemandem zusammen

sein. Am liebsten wäre mir der Siggi und dazu noch eine fröhliche Gemeinschaft, mit der ich erzählen und lachen kann. Auch Kater Willi, der ja ein richtiger „Starenbanause“ ist, vermisse ich.
Nein, das Alleinsein wäre auf Dauer nichts für mich. Der Mensch ist des Menschen beste Medizin, sagte einmal unser Freund Dr. Walther H. Lechler aus Bad Herrenalb. Wenn dann noch die Wellenlänge passt, ist die Welt in Ordnung.
Eine gute Stunde später, nach einem gemütlichen Spaziergang durch den Wald, bin ich wieder im Lot.

Über Geld spricht man nicht

Solche Sätze gehörten auch zu meiner Erziehung. Die Erwachsenen fügten meistens noch an „Entweder man hat es oder nicht. Wenn Du keines hast, interessiert es eh niemand."

Als ich 1982 krank wurde, hat sich Vieles von heute auf morgen verändert. Ich konnte innerhalb kurzer Zeit die geliebte, aber auch sehr anstrengende Tätigkeit auf Märkten und Messen nicht mehr ausüben. Zuerst versuchten wir es ja mit der Anschaffung eines bequemen Verkaufswagens, bei dem für mich extra ein Ruhebett und ein WC eingebaut war. Als mich aber auch das zu sehr anstrengte, weil Marktfahrer mitten in der Nacht losfahren müssen und spät wieder heimkommen, mussten wir uns etwas einfallen lassen. Nur was? Wir verkauften regelmäßig in der Fußgängerzone in meiner Heimatstadt Aalen. Das war geradezu ideal, denn wir hatten einen guten Kundenstamm und viele freiwillige Helfer. So wechselte sich am Schmuck- und Lederwarenstand der Familie Grein-Feil hochkarätiges Verkaufspersonal – also unsere Freunde – ab: Gerichtsvollzieher, ein Arzt in Ausbildung, ein Beamter, ein Pastoralreferent, Hausfrauen, eine Lehrerin, viele junge Leute und eine alte Dame, die wir auf dem Gmünder Markt kennen gelernt hatten. Ich konnte meinen Einsatz so einteilen, wie meine Kraft ausreichte.

Wir fragten im Rathaus Aalen an höchster Stelle an, ob wir einen Dauerplatz bekommen könnten. Unsere Hauptargumente waren die gefährdete Existenz und meine Erkrankung. Ein Schreiben vom AMSEL-Landesverband bekräftigte noch die Dringlichkeit. Bürokratische Argumente verhinderten diese ideale Chance. Zuerst waren wir ziemlich aufgebracht, weil wir es einfach nicht verstehen konnten.

Heute sind wir natürlich froh, dass alles anders gekommen ist.
Gerade zu der Zeit, als die Krankheit ausbrach, waren wir dabei, uns ein Haus zu kaufen. Auch dies führten wir bei dem städtischen Beamten an. Es gab einfach kein Erbarmen. Ein Freund, der sich in steuerlichen Angelegenheiten bestens auskennt, riet uns vom Hauskauf ab. Alles sei viel zu riskant, zumal wir ja nicht wüssten, wie es bei uns weiterginge.
Dann folgte schon bald die Gründung der Aktion »Freunde schaffen Freude«. Die neue Aufgabe wirkte sich gesundheitlich spürbar positiv aus. Ich fand Sinn und Erfüllung und vergaß darüber meine damaligen starken Schmerzen und Beschwerden. Siggi und ich überlegten nicht, wie alles werden könnte, sondern wir verbrauchten im Laufe der Jahre unser Erspartes für unseren Lebensunterhalt und für besondere Hilfsaktionen.
Du kannst mir glauben, es geschah nicht, weil wir gute Menschen sein wollten, sondern wir lebten von einem Tag zum anderen. Es kam einfach so.

„Wer nie gelitten hat, weiß auch nicht, wie man tröstet.“

Dag Hammarsskjöld

Ein leerer Koffer

Wir ahnten schon, dass wir irgendwas unternehmen mussten, wenn wir nicht eines Tages selber am Hungertuch nagen wollten. So sprachen wir beim Landratsamt in Heidenheim vor. Ich nahm sicherheitshalber gleich einen leeren Aktenkoffer mit für den Fall, dass wir größere Mengen Geld für unsere Bürgerinitiative bekommen würden. Geld bekamen wir zwar keines, dafür jede Menge guter Worte. „Was ihr macht, ist zwar toll, aber keine Pflichtaufgabe. Also gibt es auch kein Geld von der Kommune." So gingen wir mit unserem leeren Aktenkoffer ins nächste Café und lachten uns krumm. Was hätten wir sonst tun sollen?

Die alte Lebensweisheit, dass immer wieder ein Fenster aufgeht, wenn sich eine Türe schließt, kann ich nur unterstreichen. 1986 öffnete sich für uns dieses überraschende Fenster. Ich entdeckte das wunderbare Buch „Vergiss die Freude nicht" von Phil Bosmans, in dem so vieles zu lesen war, was wir bei den »Freunden« leben wollten. Also schrieb ich an den Herder-Verlag und dann an den Schriftsteller persönlich. Es war Sympathie auf den ersten Brief!

Siggi und ich bekamen kurze Zeit darauf die Geschäftsstelle des deutschsprachigen „Bund ohne Namen" anvertraut, eines weltweiten Hilfswerks des belgischen Bestseller-Autors Pater Phil Bosmans. Unser Lebensunterhalt war bis auf Weiteres gesichert. Zehn Jahre waren wir für beide Vereine hauptverantwortlich aktiv.

Beide Initiativen hatten die gleichen ideellen Ziele: In diese Welt gehört mehr Herz – mein eigenes. Der einzige Unterschied war damals, dass es beim „Bund ohne Namen" um Texte ging, die Menschen ansprechen und motivieren sollten. Bei den »Freunden« wurden wir konkret und auf vielfache Weise aktiv.

Mit der Zeit allerdings überforderten uns die täglich umfangreicher werdenden Aufgaben und ich spürte schmerzhafte nervliche und körperliche Grenzen.
Marcus Commercon, ein Freund, der an Aids erkrankt war und auch 1996 daran gestorben ist, engagierte sich jahrelang intensiv in Vorträgen und Büchern für Aufklärung zum Thema HIV. Er war ein einfühlsamer und kluger Gesprächspartner. Bei ihm schütteten wir unser Herz über die viele Arbeit aus, die uns über den Kopf wuchs. Er meinte nur: „Das darf doch nicht sein, dass Ihr zu anderen Menschen gut seid und Euch selber vergesst. Das ist auf Dauer unglaubwürdig. Außerdem hält ein Damm, der dauernd geflutet wird, nicht lange." Dieser Satz korrigiert seitdem immer wieder unsere Richtung. Damit wir ihn nicht vergessen, hängt der Spruch gut sichtbar im Esszimmer.
Siggi musste sich nach der Aufgabe der „Bund ohne Namen"-Geschäftsstelle ein paar Monate arbeitslos melden. Doch dann ging wieder wie aus heiterem Himmel eine Türe auf. Die Bauplanungen für die ARCHE hatten bereits begonnen und wir beantragten einen Zuschuss bei der „Aktion Mensch" (damals noch „Aktion Sorgenkind"). Als Auflage für einen Zuschuss mussten wir eine feste Arbeitsstelle für den geschäftsführenden Bereich bei den »Freunden« einrichten. Die Nachhaltigkeit einer so großen Initiative mit Begegnungsbereich sei auf ehrenamtlicher Basis nicht zu gewährleisten. So ist nun Siggi für die Administration der »Freunde« zuständig und bekommt dafür ein Gehalt. In seiner Freizeit hilft er bei den »Freunden« als Mann für alle Fälle ehrenamtlich mit.
Unser Leben ist bis zur jetzigen Stunde spannend. Wir haben keine Sicherheit, doch sind wir ja nicht alleine auf dem Weg. Der liebe Gott hat uns viele treue Wegbegleiter an die Seite gestellt.

„Vor zwei Übeln müssen wir uns hüten:
Die Langeweile und die Überarbeitung."

Inge Grein-Feil

Im Schreibasyl ...

So gut es mir hier in diesem kleinen, feinen Heilbad gefällt, so sehr freue ich auch wieder auf zuhause und alle »Freunde«, die mit mir Freude schaffen.
Meine Zeit hier im Heilbad Krumbad neigt sich dem Ende zu. Vor vier Wochen hat mich Siggi mit meinen Siebensachen gebracht und nun holt er mich wieder ab. Zuhause warten die »Freunde«, ein hoher Stapel Briefe und eine lange Liste mit Rückrufwünschen auf meinen Einsatz. Ich gehe hier mit meinen Buchaufzeichnungen im Gepäck und gut erholt weg.
Doch bevor wir heim zu Kater Willi fahren, erfüllt Siggi noch den Herzenswunsch der fünf Ordensschwestern. Als Clown Ludowiko wird er sie polternd als neuer Kurgast im Refektorium beim Mittagessen überraschen.
Heute habe ich fast den ganzen Tag gemütlich im Liegestuhl oben beim Naturruheplatz genossen. Mit Blick auf den nahen Wald und Vogelgezwitscher ringsum vertiefte ich mich in das Buch „Krebs“ von Werner Schneyder. Es ist eine sehr persönliche Nacherzählung vom schrecklichen Krankheitsverlauf, dem schmerzlich-langen Abschied bis hin zum erlösenden Tod von seiner geliebten Frau, mit der er über 40 Jahre zusammenlebte. Der Österreicher Werner Schneyder ist in Deutschland den Kabarettfreunden aus seiner Spielzeit mit Dieter Hildebrandt und als Solist und Buchautor bekannt. Er zeigt sich uns als einfühlsamer Mann, der sich in der bunten Palette des Lebens auskennt. Dieses künstlerische Multitalent brachte schon so viele

Menschen mit seinem Wortwitz zum Lachen. Doch nun lernte ich auch seine andere Seite kennen.
Dieses Abschiedsbuch berührte mich tief und ich litt und trauerte mit ihm und seinem Sohn über dieses unabwendbare schwere Leid.
Wie nah doch alles beieinander liegt – das Lachen und das Weinen, das Pflanzen und das Ausreißen.
Mit diesem Büchlein verbinde ich nicht den Anspruch auf Perfektion. Sollte Dir also irgendwas auffallen, was nachweislich so nicht stimmt, dann schreib mir bitte. Auch wenn Du mir was Schönes mitteilen möchtest, oder was Witziges zum Lachen, oder ... Deiner Phantasie sind keine Grenzen gesetzt!
Ähnlichkeiten mit bestimmten Personen sind übrigens beabsichtigt.
Vielleicht treffen wir uns ja mal bei einem Vortrag von mir oder bei einer Veranstaltung von den »Freunden«. Es würde mich freuen. Bis dahin wünsche ich Dir von Herzen Gottes Segen und viele lebensfrohe Stunden. Möge es Dir (und mir) alle Tage auf Neue gelingen, mit allen Höhen und Tiefen des Lebens im Kreise liebenswerter Menschen gut aufgehoben zu sein.
Und denk dran:

Nimm Dich ernst – am besten mit Humor!

Inge Grein-Feil

Versuch eines Dankeschöns an alle Freunde und Gönner

Seit dem Gründungsjahr wurde die Liste derer, denen wir zu danken haben, immer länger. Wo fange ich an, wo höre ich auf? Bei namentlichen Aufzählungen ist die Gefahr, jemand zu vergessen, groß. Jeder noch so kleine Beitrag im Sinne der »Freunde« war und ist kostbar fürs große Ganze. Denken wir bloß an die Zahl derjenigen, die sich ehrenamtlich für Mitmenschen in Not engagiert haben – die Vorstandsmitglieder, die ein hohes Maß an Verantwortung tragen. Dann die Aktionsbesprechungsrunde, die Aktiven der verschiedenen Treffs und Arbeitskreise, sowie die Spielerinnen und Spieler der FsF-Szenen-AG. Seit der Einweihung im Jahr 2000 gibt es ein hochmotiviertes ARCHE-Team. Dank auch allen Gästen, Besuchern und Akteuren, die unsere Begegnungsstätte mit Leben erfüllen. Danken möchte ich auch allen Spenderinnen und Spendern, Mithelferinnen und Helfern. Mit deren Einsatz ist auch der Bau der sozialen und kulturellen Begegnungsstätte ARCHE in Dischingen gelungen. Die »Freunde« haben auch den verschiedenen kirchlichen, sozialen, kulturellen und behördlichen Einrichtungen aus Aalen, Dillingen und Heidenheim für die kooperative Zusammenarbeit zum Wohle der Mitbürger, sowie den Selbsthilfegruppen zu danken.

Weil die »Freunde« mit ihren Leitgedanken, der Präambel und ihren vielfältigen Aktionen auf ihre Weise einmalig sind, werde ich in einem weiteren Büchlein meine Erinnerungen niederschreiben.

Wenn Du vorher schon neugierig bist, was bei uns alles geboten wird, dann besuche uns doch mal zu einer Veranstaltung in der

ARCHE
89561 Dischingen
Rosenbachstraße 20
oder unter www.fsf-ev.de

Vierteljährlich geben wir eine Infozeitung namens »Kleine Brücke« heraus. Bitte teile einfach Deine Fragen, Wünsche und Anmerkungen mit. Da wir uns hauptsächlich aus Spenden tragen, danken wir im Voraus für die Erstattung der Portogebühren. Ich höre mich für größere Gaben auch nicht Nein sagen, zumal ich noch einen Traum im Herzen trage: Eine integrative Wohnanlage bei der ARCHE.
Auch über „ganz normale Briefe“ freue ich mich.
Inge Grein-Feil

Aktion »Freunde schaffen Freude e. V.«
Wagenhofer Str. 10
89561 Dischingen-Demmingen

Tel. 07327 5405
Fax 07327 6143

www.fsf-ev.de
info@fsf-ev.de

Konto Nr. 4200208 BLZ 600 501 01 BW-Bank
Zuwendungen sind steuerbegünstigt.

Mitglied im DER PARITÄTISCHE – UNSER SPITZENVERBAND

Danken kann man nie genug!

Hätte ich eine Ahnung gehabt, wie viel Arbeit so ein Buch bedeutet, wäre ich wahrscheinlich lieber in die Stadtbücherei und hätte geschaut, ob es nicht jemand gibt, der so ähnliche Gedanken wie ich bereits zu Papier gebracht hat. Jetzt ist es zu spät. Inzwischen weiß ich, dass es viele wertvolle Bücher zu „meinen Themen“ gibt, die zu lesen sich lohnt.
Doch nun ist meine Lach- und Lebensgeschichte was Besonderes geworden. Dass dies gelungen ist, verdanke ich hauptsächlich Jens Eber, der mit seinem journalistischen Talent und einer Eselsgeduld die Texte hinterfragt und überarbeitet hat. Mit Jens kann ich so gut zusammenarbeiten, dass dies allein schon Grund genug wäre, noch ein Buch zu schreiben.
Deshalb vermerkte ich auf den Mails auch stets unter Betreff „Unser 1. Buch“.
Der zweite Mann an meiner kreativen Seite war und ist Siggi. Er hat in altbewährter Weise und der ihm eigenen Manpower alles übernommen, was zur Fertigung eines Buches wichtig ist: Die Verfasserin begleiten, beruhigen und manchmal ermutigen. Einmal sagte ich beim Durchlesen „Ach du liebe Güte, wenn das jemand liest!“. Siggi meinte nur, dass wir doch eher hoffen sollten, dass es überhaupt jemand liest. Dann verdanke ich Siggi die Auswahl der Fotos, das Layout und den Satz. Die Korrektur übernahm Renate Burger, weil sie es ist, die auch immer die Infozeitung der »Freunde« – »Kleine Brücke« nach Fehlern durchforstet.
Nachdem unser Freund und Buchbindemeister Bruder Reinhard Wanner überraschend Ende November 2009 verstorben ist, hatten wir große Sorge, wie wir es schaffen sollten, das Buch drucken zu lassen. Denn ein Buch, das im

Computer steht und nicht gedruckt wird, macht ja keinen Sinn. Doch nun schulden wir dem Geschäftsführer der Missionsdruckerei Franz Schwer ein großes Dankeschön. Er ermöglichte, dass sich die Druckkosten für uns in machbarem Rahmen bewegen.
Auch weitere Hilferufe auf Förderung dieses Buchprojektes wurden erhört. So förderte das Heilbad Krumbad ebenfalls dieses Buchprojekt.
Inge Grein-Feil

Es zählt nicht, dass Du das 99. Mal hingefallen sondern dass Du das 100. Mal aufgestanden bist.

Ursberger Josefsbote

Das Lachen ist wie ein Scheibenwischer. Es erlaubt uns voran zu kommen, auch wenn es den Regen nicht aufhalten kann.

Jean Cocteau

„Hamlet, wir leben in einer Zeit, wo es Kriege, hohe Steuern, Kriminalität, Hungersnöte und Bürgerunruhen gibt … aber glaub es oder nicht, wenn Du erwachsen bist, werden das die „guten alten Zeiten“ sein!“

Hägar der Schreckliche/Chris Browne

Beiwort

Foto: Ralf Eber

Siggi klang ungewohnt ernst an diesem Tag. Er stand neben Inges Krankenhausbett und ging ans Telefon, als ich anrief. Immerhin bestätigte er, dass es Inge bereits besser gehe. Und noch bevor er ihr den Hörer geben konnte, hörte ich sie. „Schwester“, rief sie, „bringen Sie mir Baldrian, sonst heb' ich ab!“ Und dann war Gelächter im Krankenzimmer zu hören. „Das kommt vom Cortison“, erklärte sie mir Sekunden später, „das macht mich so aufgedreht.“

Wenige Tage zuvor hatte bei ihr ein Multiple-Sklerose-Schub eingesetzt, der schwerste seit vielen Jahren, wie sie erzählte. Mit Medikamentendosen, die vermutlich ein Pferd von den Hufen geworfen hätten, wurde sie nun behandelt. Und sie klang schauderhaft, geschwächt, geplagt. Und trotzdem servierte sie mir am Telefon und allen um sie herum eine Pointe nach der anderen. Ein Clown muss eben ins Licht, auch wenn es weh tut ...

Wir hatten uns einen strammen Zeitplan gesetzt, um Inges Buch noch vor dem Jubiläum der »Freunde« im Herbst 2009 fertig zu bekommen. Das sollte, wie sich bald zeigte, nicht mehr zu schaffen sein.

Auf eine verblüffende Art spiegelt diese Krankheitsepisode aber dieses Buch wider: In ihrer fast unerschütterlich zuversichtlichen Art hatte Inge schon im Manuskript den Eindruck vermittelt, als könnte nicht einmal die Krankheit

sie aufhalten. Und so war es auch: wenig später bekam ich wieder E-Mails mit Zusatzinformationen, Titelvorschlägen und Ideen, die für drei weitere Bücher reichen würden.
Als ich das Manuskript zum ersten Mal las, hatte ich das Gefühl, ich könnte Inge hören. Sie hatte ganz eindeutig ihre eigenen Gedanken aufgeschrieben und nicht, wie es so oft in Sachbüchern vorkommt, Altbekanntes und fremde Ideen wiedergekäut. Mir war wichtig, diese Tonlage unbedingt zu erhalten, zumal der Inhalt des Buches fast schmerzhaft persönlich ist. Deshalb bestand meine Hauptaufgabe – jetzt kann ich es ja verraten – zunächst darin, still und heimlich zu kürzen, weil Inge so eine Fülle an Informationen und Gedanken niedergeschrieben hatte, dass dieses Buch nun die Ausmaße eines Ziegelsteines hätte.
Am Ende hatte ich aber das Gefühl, dass wir das Manuskript auf eine fesselnde Geschichte eingedampft hatten – auf Inges Lach- und Lebensgeschichte.
Jens Eber

Nach Rubin's
Umkehrbild

Wer sich selbst findet, wird auch den anderen, den Partner finden und die Welt wird ihnen weit offen stehen.

Wer aber sich selbst verliert, verliert auch den anderen.

Übrig bleibt dann nur der Kelch, der alle Misere dieser Welt enthält.

Bücher, die ich in meinen Aufzeichnungen erwähnt habe:

- Phil Bosmans „Vergiss die Freude nicht“, Herder-Verlag
- Franz Werfel „Das Lied der Bernadette“, Fischer-Taschenbuch
- Norman Cousins „Der Arzt in uns selbst: Wie Sie Ihre Selbstheilungskräfte aktivieren können“, Verlag Schirner
- Viktor Frankl „Trotzdem Ja zum Leben sagen“, Deutscher Taschenbuch Verlag
- Dieter Hildebrandt/Bernd Schroeder „Ich musste immer lachen“, Kiepenheuer & Witsch
- Werner Schneyder „Krebs“, LangenMüller-Verlag
- Die Bibel – Die gute Nachricht Deutsche Bibelgesellschaft Stuttgart, revidierte Fassung
- Pater Dr. Jörg Müller SAC „Gott heilt auch dich“ www.pallottiner-freising.de Pallotti-Buchhandlung Limburg, Tel.: 06341-401-300
- Dr. Manfred Lütz „Lebenslust“, Pattloch; „Irre – wir behandeln die Falschen“, Gütersloher Verlagshaus
- Dr. Patch Adams „Gesundheit“ 12&12 Verlag

Leitgedanken

Wir sind bei der Aktion »Freunde schaffen Freude«, weil wir hoffen, damit die Entwicklung freundschaftlicher Beziehungen zwischen den Menschen zu fördern.
Das gemeinsame Wohlergehen ist für jeden wertvoll, deshalb wollen wir uns bemühen, friedlich und ehrlich zueinander zu sein.
Wir sind dabei, weil es uns persönlich Freude bereitet, und weil jeder von uns versuchen kann, menschliche Not zu lindern. Die Gemeinschaft kann hierbei hilfreich sein.
Wir sind Menschen, die Freude daran haben, ihr Leben sinnvoll zu gestalten, indem wir uns zwanglos nach Stärken und Schwächen ergänzen.
Es ist uns ein Anliegen, Konflikte zu bewältigen, Vorurteile abzubauen und uns durch Gespräche miteinander besser verstehen zu lernen.
Jeder sollte nur seine persönliche Erfahrung einbringen, wie er selbst die Anliegen und Ziele von FsF verwirklicht.
Wichtig ist zuerst und immer wieder die Frage:
„Was macht mir Freude, was mache ich gerne, und wie kann ich damit einem anderen Menschen Freude und Hilfe sein?"

Präambel

»Freunde schaffen Freude« ist eine Gemeinschaft von Menschen, die sich mit ihrer Erfahrung für ein menschenwürdiges Miteinander einsetzt – unabhängig von Alter, Konfession, körperlichem Befinden, Nationalität.
»Freunde schaffen Freude« ist unabhängig, unparteiisch und überkonfessionell und erhält sich mit seinen satzungsgemäßen Aufgaben überwiegend durch Mitgliedsbeiträge und Spenden.
Voraussetzung für die FsF-Zugehörigkeit ist das Verlangen, zwischenmenschliche Beziehungen in Familie, Nachbarschaft, am Arbeitsplatz und in der Freizeit zu fördern.
Eine FsF-Gruppe sollte in sich selbstständig handeln, jedoch sind sich die Gruppen und FsF als Ganzes gegenseitig verantwortlich.
Die Hauptaufgabe jeder Gruppe ist, das Anliegen von »Freunde schaffen Freude« durch Gespräche und persönliche Zuwendung den interessierten Menschen nahe zu bringen und damit freundschaftliche Beziehungen zu fördern.
Eine FsF-Gruppe sollte niemals irgendein außenstehendes Unternehmen unterstützen, finanzieren oder mit dem FsF-Namen decken, damit nicht Geld-, Besitz- und Prestigeprobleme von unseren Hauptaufgaben ablenken.
FsF bildet Arbeitsgruppen, die denjenigen verantwortlich sind, denen sie behilflich sind.
Der FsF-Name sollte niemals in öffentliche Streitfragen verwickelt werden.
Praktizierte Nächstenliebe und die Achtung vor der Natur und ihren Geschöpfen ist die Grundlage aller Aufgaben von FsF, deshalb wollen wir uns immer daran erinnern, Prinzipien (Grundsätze) über Personen, Rang und Namen zu stellen.
»Freunde schaffen Freude« möchte kein Ersatz für bestehende Einrichtungen sein – sondern gute Ergänzung!

„Porta patet – magis Cor“

Die Türe steht offen – mehr noch das Herz